本书出版受到北京市支持中央在京高校共建项目资助
本项目为北京语言大学校级实验课项目，项目编号为：XK201909

新时代
经贸汉语口语
用汉语做贸易

NEW ERA
SPOKEN CHINESE FOR ECONOMY & TRADE
CHINESE FOR INTERNATIONAL TRADE

张卓 编著

外语教学与研究出版社
FOREIGN LANGUAGE TEACHING AND RESEARCH PRESS
北京 BEIJING

图书在版编目（CIP）数据

新时代经贸汉语口语：用汉语做贸易 / 张卓编著. —— 北京：外语教学与研究出版社，2022.4
（2023.9 重印）
（新时代经贸汉语系列）
ISBN 978-7-5213-1748-0

Ⅰ.①新… Ⅱ.①张… Ⅲ.①经济－汉语－口语－对外汉语教学－教材 Ⅳ.①H195.4

中国版本图书馆 CIP 数据核字（2022）第 065870 号

地图审图号：GS（2019）1826 号

出 版 人　王　芳
项目编辑　袁季思
责任编辑　向凤菲
责任校对　谭紫格
封面设计　姚　军
出版发行　外语教学与研究出版社
社　　址　北京市西三环北路 19 号（100089）
网　　址　https://www.fltrp.com
印　　刷　河北文扬印刷有限公司
开　　本　889×1194　1/16
印　　张　12
版　　次　2022 年 4 月第 1 版 2023 年 9 月第 2 次印刷
书　　号　ISBN 978-7-5213-1748-0
定　　价　79.00 元

如有图书采购需求，图书内容或印刷装订等问题，侵权、盗版书籍等线索，请拨打以下电话或关注官方服务号：
客服电话：400 898 7008
官方服务号：微信搜索并关注公众号"外研社官方服务号"
外研社购书网址：https://fltrp.tmall.com

物料号：317480001

前 言

近年来，随着中国经济的持续发展，中国与世界各国在经济贸易领域的交往更加频繁、深入，国际社会对了解中国商务文化、熟悉贸易合作流程、能够运用汉语进行工作的经贸领域汉语专门人才的需求也日益迫切。为了更好地满足这一需求，很多学校都开设了经贸汉语课程，培养能够运用汉语从事国际贸易或商务工作的人才，为各国间的互联互通搭建桥梁。北京语言大学汉语进修学院的"经贸汉语口语"系列课程已经开设近二十年，编者在学院教授此课程已超过十年，积累了丰富的课程和教学经验。在教学实践中我们策划编写了"新时代经贸汉语"系列教材，包括侧重国际贸易用语的《新时代经贸汉语口语：用汉语做贸易》和侧重公司商务用语的《新时代经贸汉语口语：用汉语来工作》两个分册。

《新时代经贸汉语口语：用汉语做贸易》以培养学习者熟练运用汉语从事国际贸易为目标，融语言教学理论、国际贸易专业知识和国际贸易实践于一体，兼顾语言知识和贸易知识，是一部实用性很强的中级汉语口语教材。

本册教材适合对国际贸易感兴趣、未来需要用汉语从事国际贸易工作的学习者使用。学习者有无国际贸易专业背景均可，最好已经学习汉语一年半以上，掌握约2500个基本词语（相当于《国际中文教育中文水平等级标准》中等四级或HSK五级或"欧洲语言共同参考框架"等级B1）。

通过对本册教材的学习，学习者可以切实理解国际贸易工作的底层逻辑，掌握最基本的国际贸易专业知识，能看懂、说明贸易单证的基本内容，能用基础汉语和专业术语完成国际贸易的基本工作。

教材编写理念与特色：
- 以实践为导向。本册教材以国际贸易的基本流程为主线，课文与练习紧密围绕国际贸易实际工作进行设计。在课文内容方面，学习者跟随课文中的人物完成智能音箱从中国出口到西班牙的全流程工作，熟悉国际贸易的流程，掌握基本的专业知识，学习实用的语言表达形式；在练习方面，每课课后设计贸易小组实践活动，要求学习者学以致用，活用所学内容，完成各个阶段的国际贸易工作。
- 用丰富的图片创造真实的工作场景。通过大量精选实景图片展示国际贸易相关场景，对词语进行释义，还原工作现场，帮助学习者直观理解并记忆词语。此外，教材为词语辨析绘制了插图，用图片展现真实的语言使用场景，从语言生成的角度直观展示词语的细微差异。
- 贸易专业知识讲练得当。把国际贸易相关专业知识安排在练习当中，讲练一体，图文并茂，以图解的形式辅助讲练，最大限度地降低讲解专业知识的语言难度。
- 提供丰富的贸易单证练习。国际贸易离不开贸易单证，甚至可以说国际贸易是单证贸易而不是货物贸易，单证的重要性可见一斑。教材提供了大量贸易单证实例，并设计了语言难度适当的练习，通过模拟实际的操作场景为学习者将来从事国际贸易工作奠定基础。

　　基于多年的实践经验和教学思考编写一部教材是编者一直以来的计划。受益于2019年北京语言大学校级实验课项目的资助（项目编号：XK201909），这一计划最终得以实现。从2019年开始，编者正式动笔编写这部教材并在课堂上试用。至今教材已在北京语言大学汉语进修学院试用了三个学期。其间根据学生的反馈不断打磨修改，学生的积极参与也为本书提供了很多贸易案例，丰富了教材内容。特别感谢日本的小堀杏树和乌克兰的欧灵凡允许编者在教材中使用她们作业里的图片。本教材的出版也得到了北京语言大学教学出版基金资助，在此对学校的一贯支持表示衷心的感谢。最后，感谢外语教学与研究出版社鞠慧老师、向凤菲老师为教材的策划出版提供的支持，感谢谭紫格、袁季思两位编辑对书稿提出的宝贵修改意见、在编校方面付出的心血和劳动。

　　受编者水平所限，书中难免会有疏漏之处。教师或学习者在使用本书的过程中如果发现问题或者有修改意见，欢迎和编者联系，期待您的批评指正。

张卓
2022年3月于北京语言大学
zhangzhuo@blcu.edu.cn

使用说明

这是一本很有特色的中级经贸汉语口语教材，适用于汉语水平达到《国际中文教育中文水平等级标准》中等四级或HSK五级或"欧洲语言共同参考框架"等级B1的需要用汉语从事国际贸易工作的汉语学习者。

每课的板块设置：

板块名称	学习目标
工作热身	引发课前思考
词语一、对话一、练习一	学习和练习第一部分对话
词语二、对话二、练习二	学习和练习第二部分对话
贸易小组实践活动	模拟实际工作
贸易知识小结	解释贸易知识和贸易文件
补充词语、参考网站及资料、学习心得	提供进一步学习的资源

教材特色：

- 巧妙设计了两次完整的国际贸易工作任务。

第一次设计在课文对话中，中国作为出口国，西班牙作为进口国，从中国出口智能音箱到西班牙。每课的对话一和对话二前后关联完成一项工作。

第二次是在每课的"贸易小组实践活动"中，请学习者设计完成一次国际贸易。在这次贸易中，学习者的国家作为出口国，中国作为进口国，从学习者的国家出口产品到中国。

上面两次贸易大循环（一次中国作为出口商，一次中国作为进口商）的课文设计和练习模式既便于学习者理解又便于学习者操练。

- 对国际贸易专业知识的讲解进行了必要的简化。

考虑到学习者的汉语水平，本书的专业知识讲解以学习者理解贸易知识的底层逻辑为主要目标，尽量减少专业术语的输入。比如，我们简化了使用信用证支付的流程图，将"进口国开证行"和"出口国通知行"合并成"银行"一个角色，既简化了流程又真实地还原了国际支付中货款和货物的流动方向。

- 将国际贸易知识的讲解和练习融为一体，提供简化的贸易单证练习。

本书根据学习者的语言水平和贸易工作的实际需求设计了不同难度的练习。一些贸易知识语言难度较高，对具体工作细节要求较高，对于这部分知识在目前阶段仅要求学习者理解其工作原理即可，练习形式以听力练习为主，如第2课的贸易术语、第3课的信用证和第8课的保险条款等。对语言难度适中、在贸易场景中高频使用的贸易知识则要求学习者能够熟练运用，练习形式以任务型练习为主，本书大部分练习属于这一类。

在国际贸易中，各贸易环节的工作最终都会落实在制作相关的贸易单证上。根据实际工作需要，本书也为重要的贸易单证做了适当的简化并设计在练习中。

- 精选或绘制大量插图辅助学习者直观理解所学内容。

本书创新性地为词语辨析专门绘制了插图，还原词语差异的"现场"，是对词语辨析教学法的尝试和创新。此外，我们精心为词语和对话选取了实景图，还原贸易场景，使学习者身临其境，从而快速理解相关工作的内涵。

全书最后编有生词表、参考答案和录音文本。本书的录音可以扫描封底的二维码获取，对话的拼音版本可以登录外研社汉语教学资源网（www.fltrp-clt.com），在本书的产品页面获得。

在教学安排上，按照一个学期15周、每周4课时安排（每课时50分钟），4—5课时可以学完一课，另有两次"复习与展示"练习课各4课时，一学期可以学完全部内容。其中，两次"复习与展示"练习课的贸易小组实践活动也可分别作为期中和期末考试的口语测试题目使用。

最后，希望这本书能帮助大家学习、掌握国际贸易工作所需的语言知识和专业知识，为将来的工作打下坚实的基础。接下来，让我们一起享受学习和挑战的乐趣吧！

目 录

第 1 课　　询价 / 1

第 2 课　　报价 / 15

第 3 课　　议价 / 29

第 4 课　　订货 / 41

第 5 课　　签订合同 / 53

复习与展示（一）/ 66

第 6 课　　货物包装 / 72

第 7 课　　货物运输 / 86

第 8 课　　海运保险 / 98

第 9 课　　报关报检 / 112

第 10 课　　受损索赔 / 124

第 11 课　　合作成功 / 136

复习与展示（二）/ 145

生词表 / 154

参考答案 / 160

录音文本 / 175

国际贸易文件索引 / 183

第 1 课 询价

工作热身

如果你是进口商，打算从中国进口产品，你会怎么了解感兴趣的产品呢？
请你想一想，说一说：

1. 你感兴趣的是什么产品？你是怎么知道这种产品的？
2. 你会用什么方式联系出口商？
3. 在第一次联系出口商的时候，你希望得到哪些信息？

词语一

1	家居用品	jiājū yòngpǐn	home comforts
2	设备	shèbèi	equipment; device
3	销售部	xiāoshòubù	marketing department
4	智能	zhìnéng	intellectual ability
5	系列产品	xìliè chǎnpǐn	series products
6	主打产品	zhǔdǎ chǎnpǐn	leading product
7	具体	jùtǐ	concrete; specific
8	音箱	yīnxiāng	speaker; sound box
9	门锁	ménsuǒ	door lock
10	详细	xiángxì	detailed
11	产品目录 P.6	chǎnpǐn mùlù	product catalog
12	规格	guīgé	specification
13	型号	xínghào	model; type
14	电子版	diànzǐbǎn	electronic edition
15	零售价格	língshòu jiàgé	retail price
16	订购	dìnggòu	order
17	询价	xúnjià	request for quotation
18	工作日	gōngzuòrì	working day
19	报价	bàojià	make a quotation
20	稍后	shāohòu	later

系列产品　　　音箱　　　门锁　　　型号

对话一

进口商 丽莎·加西亚 (Lìshā Jiāxīyà)
西班牙巴塞罗那ABC家居用品公司
进口部职员

出口商 李晓光 (Lǐ Xiǎoguāng)
中国北京爱家电子设备生产公司
海外销售部经理

进口商：喂，您好，是爱家电子设备生产公司海外销售部吗？

出口商：是的，您找哪位？

进口商：我找李晓光经理。

出口商：我就是。

进口商：啊，李经理，您好。我是西班牙ABC家居用品公司进口部的丽莎。

出口商：哦，丽莎女士，您好。

进口商：我们对你们公司生产的智能家居系列产品很感兴趣。

出口商：太好了！智能家居系列产品是我们公司的主打产品，您需要了解哪些具体的产品呢？

进口商：我们对智能音箱、智能门锁都比较感兴趣，不知道你们有没有详细的产品目录？我们可以更好地了解产品。

出口商：有，我们有详细的产品目录，里面有每种产品的图片、规格、型号、使用说明等。一会儿我可以发一份电子版的产品目录到您的邮箱里。

进口商：那太好了！我的电子邮箱地址是lisa@abc.com。我还想问一下，产品目录上有价格吗？

出口商：产品目录上只写了零售价格。如果你们打算订购，可以向我们正式询价，我们会在两个工作日内给您报价。

进口商：好的。

出口商：嗯，那稍后我给您发产品目录。

进口商：好的，我们邮件再联系。谢谢，再见！

出口商：不客气，再见！

练习一

1 根据对话内容，回答下面的问题

1. 关于出口商，我们知道哪些信息？
2. 关于进口商，我们知道哪些信息？
3. 进口商想要了解什么产品？
4. 进口商希望通过什么文件了解出口商的产品？出口商是怎么回复的？
5. 如果进口商打算订购，她该怎么做？

2 听一听，写一写 🎧 1-3

一家公司一般有哪些部门？这些部门分别负责什么工作？请你把听到的部门名称写在下面。另外，你还可以补充没有提到的部门和它们负责的主要工作。

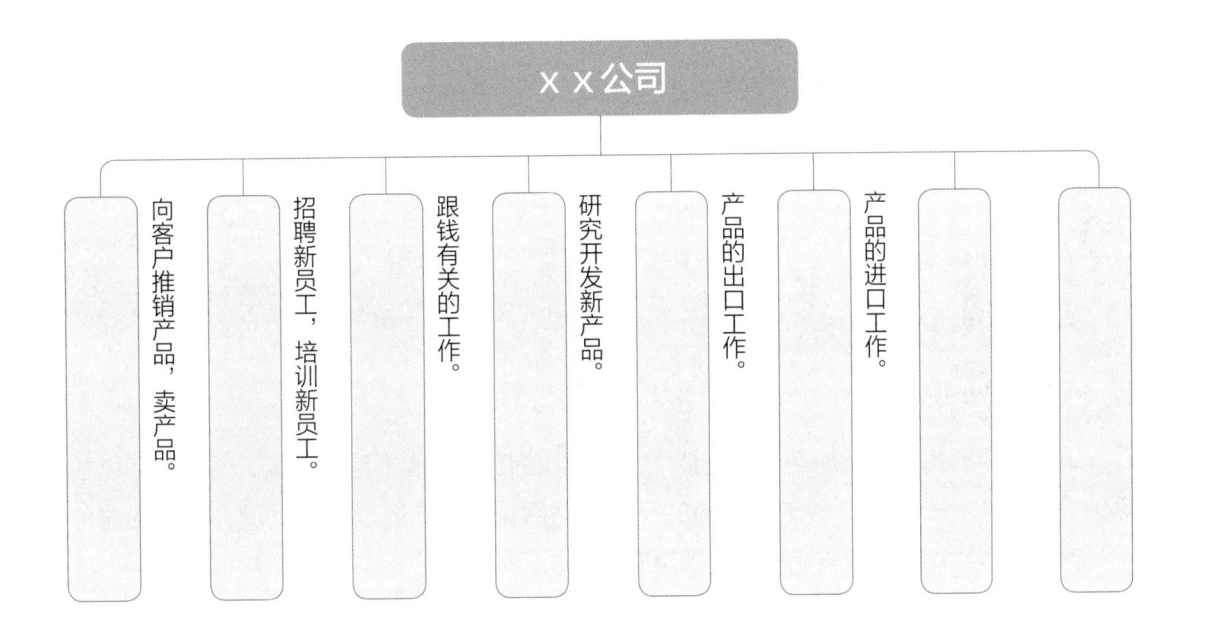

××公司

- 向客户推销产品，卖产品。
-
- 招聘新员工，培训新员工。
-
- 跟钱有关的工作。
-
- 研究开发新产品。
-
- 产品的出口工作。
-
- 产品的进口工作。
-

第 1 课

5

询价

3 听一听，说一说 🎧 1-4

下面是一家公司产品目录的部分内容，请你听一听录音中的介绍，并在产品目录中写上每种产品的零售价格，然后，请你代表出口商介绍一下这些产品。

图表1-1 爱家电饭煲产品目录

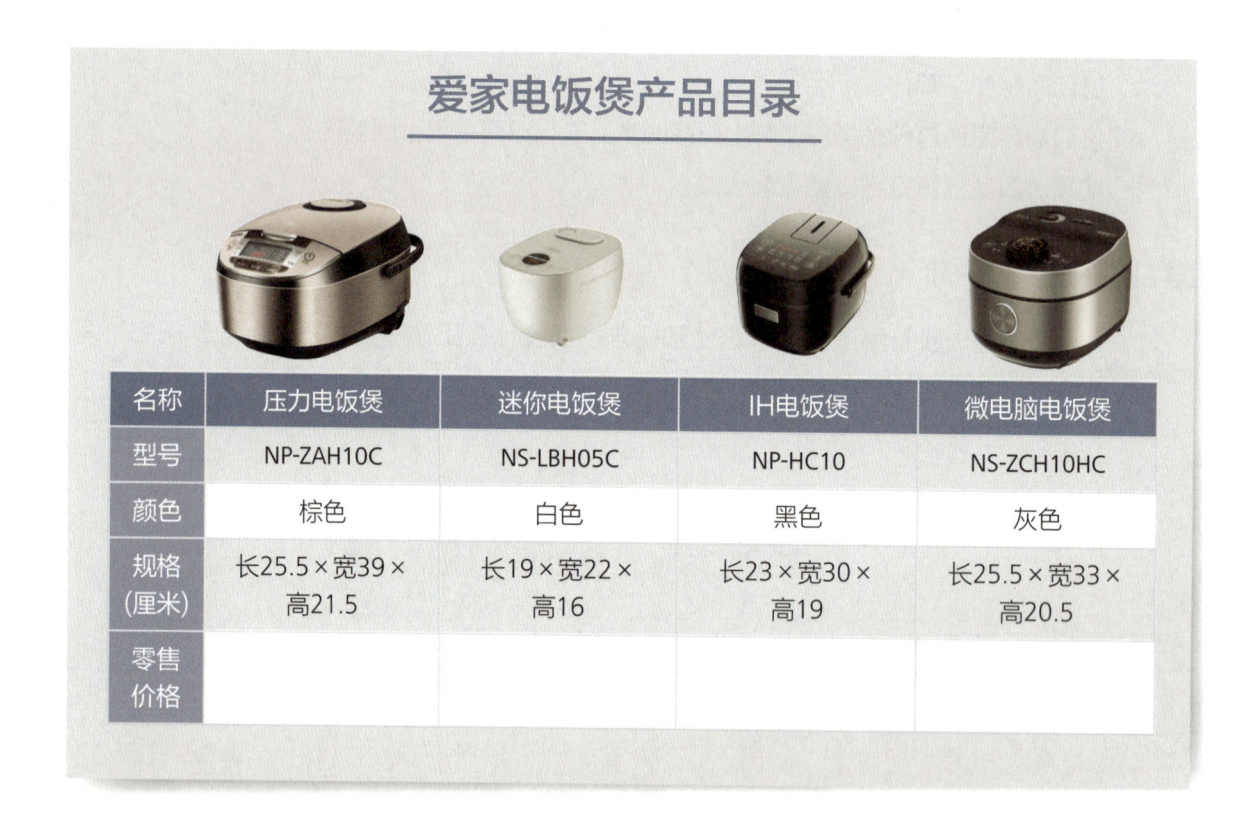

爱家电饭煲产品目录

名称	压力电饭煲	迷你电饭煲	IH电饭煲	微电脑电饭煲
型号	NP-ZAH10C	NS-LBH05C	NP-HC10	NS-ZCH10HC
颜色	棕色	白色	黑色	灰色
规格（厘米）	长25.5×宽39×高21.5	长19×宽22×高16	长23×宽30×高19	长25.5×宽33×高20.5
零售价格				

4 读一读，说一说

请你登录一家生产智能音箱和智能门锁的公司的官网，看看这家公司的智能音箱和智能门锁的介绍和价格，记录一件你感兴趣的产品，然后和班上的同学一起交流，并介绍这种产品（如产品特点、功能、规格、型号和使用说明等）。

词语二 🎧 1-5

1	款	kuǎn	kind; type
2	功能	gōngnéng	function
3	赠送	zèngsòng	present as a gift
4	样品	yàngpǐn	sample (product)
5	运费	yùnfèi	transportation expense
6	承担	chéngdān	bear; assume
7	实物	shíwù	real object
8	体验	tǐyàn	experience
9	全面	quánmiàn	overall; general
10	邮寄	yóujì	send by post

功能 　　　　　　样品 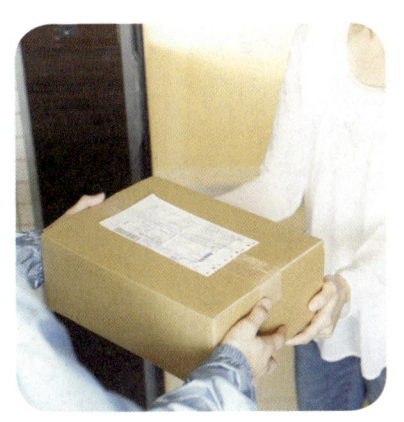　　　　　　邮寄

第 1 课　询价

对话二

出口商： 喂，您好。

进口商： 您好，是李晓光经理吗？我是西班牙ABC家居用品公司的丽莎。

出口商： 丽莎女士，您好。产品目录您看过了吧？您对哪款产品感兴趣？

进口商： 都看过了。我们对你们的AI智能音箱比较感兴趣。为了我们能更好地了解产品的功能，不知道你们可不可以赠送样品？

出口商： 像智能音箱这样的产品我们可以免费赠送一台，但是国际运费需要由你方承担。

进口商： 那太好了，没问题。我想，拿到实物后，我们可以更好地体验、更全面地了解这款产品。

出口商： 那请您发邮件告诉我邮寄样品的地址。

进口商： 好的，我马上给您发。那先这样，谢谢您，再见！

出口商： 好，我们再联系。再见！

练习二

1 根据对话内容，回答下面的问题

1. 进口商对哪种产品比较感兴趣？
2. 进口商有什么要求？
3. 对于进口商的要求，出口商是怎么回复的？

2 听一听，写一写 🎧 1-7

听录音，记录样品的邮寄信息。

快递单

邮寄物品：智能手表

收货人：　　　　　　　联系电话：

收货人地址：

快递单

邮寄物品：多功能护眼台灯

收货人：　　　　　　　联系电话：

收货人地址：

3 读一读，说一说

下面是一家电子设备生产公司产品目录的部分内容，请你读一读，然后介绍一下这份产品目录。

图表1-2　智能手机产品目录

智能手机产品目录

图片	型号	上市日期	屏幕规格	存储	零售价格
	智能C9		16.23厘米	64GB/128GB	1,799元（64GB） 1,999元（128GB）
		2021.7.2		256GB	2,599元
	智能C9e		15.46厘米	64GB/128GB	1,399元（64GB） 1,599元（128GB）
	智能C9 Pro	2022.3.5	16.43厘米	128GB/256GB	3,099元（128GB） 3,499元（256GB）

4 写一写，说一说

请选择一家你感兴趣的公司，上他们公司的官网找到产品目录，把产品目录的一部分（包括三种产品就可以）打印出来，或者在本子上写下来，也可以把产品目录的图片保存到你的手机或电脑里，然后，把你准备好的产品目录带到课堂上，向同学们介绍一下上面的产品。

贸易小组实践活动

如果你在你们国家的一家公司工作，要出口产品到中国，你希望是哪家公司（必须是真实存在的公司）？你打算出口什么产品到中国？

1 先确定你想代表哪家公司，然后在官网上找到你要出口的产品，再用中文进行简单介绍。

公司名称：_____

产　　品：_____

简要介绍：_____

_____

_____

_____

_____

_____

_____

_____

_____

_____

2 请说一说：你为什么选择这家公司？为什么选择这种产品？

3 请选择三到四种打算出口到中国的产品，制作一份产品目录，贴在下一页。

第 1 课

11

询价

请在本页粘贴你准备的贸易文件

贸易知识小结

▸ **贸易知识**

　　询价（request for quotation）：打算购买某种产品的人问销售人员产品的价格，是"问一问价格"的正式说法。

　　报价（make a quotation）：销售人员告诉来询价的人产品的价格，是一种正式的表达。

▸ **贸易有关文件**

　　产品目录（product catalog）：生产公司为了全面展示自己的产品而设计的产品手册，上面一般会注明产品的名称、颜色、规格，有的还有产品的图片和零售价格等信息。

补充词语

1	推销	tuīxiāo	promote sales
2	招聘	zhāopìn	invite applications for a job
3	员工	yuángōng	staff; employee
4	培训	péixùn	train (technical personnel, etc)
5	官网	guānwǎng	official website
6	收货人	shōuhuòrén	consignee
7	护眼	hù yǎn	eye protection
8	真实	zhēnshí	true; real
9	存在	cúnzài	be; exist

学习心得

↘ 如果你是进口商,学完第1课后,你学到了哪些与工作相关的表达?你觉得哪些表达应该记下来?请记录在下面。

_____

_____

_____

↘ 如果你是出口商,学完第1课后,你学到了哪些与工作相关的表达?你觉得哪些表达应该记下来?请记录在下面。

_____

_____

_____

↘ 关于"询价"的工作,你还有什么收获?请记录在下面。

_____

_____

_____

第2课 报价

工作热身

如果你在你们国家的一家产品生产公司工作，你们公司生产的某种产品在当地市场的零售价格是每个50元人民币。中国的一家公司想进口你们的产品，那么你打算以什么价格卖给这家中国公司？请你想一想，说一说：

1. 如果你们国内的公司打算大批订购这种产品，你会以什么价格销售？
2. 中国的公司进口你们这种产品的时候，是中国公司派人来你们公司拿货还是你们派人把货送到中国公司？
3. 你觉得跟卖给国内公司比，把产品出口到国外会多花哪些费用？

词语 一

1	P.23 报价单	bàojiàdān	(price) quotation
2	查收	cháshōu	[usually used in a letter] check and accept
3	麻烦	máfan	trouble sb; bother
4	核算	hésuàn	examine and calculate
5	保险费	bǎoxiǎnfèi	(insurance) premium
6	有效期	yǒuxiàoqī	validity period
7	EXW（工厂交货）		Ex Works
8	FOB（船上交货）		Free On Board
9	CIF（成本、保险费加运费）		Cost, Insurance and Freight

核算

有效期

对话一

进口商：喂，您好，这里是西班牙ABC家居用品公司，我是丽莎。

出口商：丽莎女士，您好，我是李晓光。我刚刚给您发了产品报价单，请您查收。

进口商：哦，我刚刚收到了。请问您报的是什么价格？

出口商：我们报的是EXW北京的价格。

进口商：那能麻烦您再报一下FOB天津和CIF巴塞罗那的价格吗？

出口商：好的。不过，我们需要核算完运费和保险费以后再给您报，最快明天吧。还有，报价的有效期是7天。

进口商：没问题，等您的电子邮件。

练习一

1 根据对话内容，回答下面的问题

1. 进出口商双方在讨论什么文件？
2. 出口商报的是什么价格？
3. 进口商希望出口商报什么价格？
4. 装运港是哪里？目的港是哪里？
5. 报价的有效期是多长时间？

2 听一听，说一说，写一写 🎧 2-3

1. 国际贸易中，进行报价的进口商和出口商常常用一些固定的贸易术语来交流（根据 Incoterms® 2020，目前国际上通用的贸易术语一共有11个）。这样的贸易术语不但包括产品本身的价格，还说明了运输工作和运输保险工作由谁来负责。本课介绍的是适用于任何运输方式的EXW，以及适用于海运的FOB和CIF。下面边看图边听录音，理解国际贸易工作的过程，然后说一说：完成一次国际贸易工作，需要做什么？每个环节可能由谁来负责？

图表2-1　国际货物贸易的责任和费用

① 出口国国内运费　+　② 国际海运运费和海运保险费　+　③ 进口国国内运费

2. 国际贸易的产品运输包括"图表2-1"中三个部分的费用。不同的贸易术语（如EXW、FOB和CIF）规定了进口商和出口商不同的工作责任。录音介绍了不同贸易类型中的各种费用分别由谁来负责。请听录音，然后把承担费用的一方（进口商或出口商）填写在表格中。

图表2-2　不同的贸易术语和工作责任

贸易术语	负责出口国国内运费	负责国际海运运费和海运保险费	负责进口国国内运费
EXW	进口商		
FOB			
CIF			

3 听一听，写一写，说一说 🎧 2-4

下面是一位同学自己准备的公司出口产品的报价单，出口产品是玉米，出口国是乌克兰，进口国是中国。请听录音，记录玉米的FOB价格和CIF价格，然后介绍一下这家公司的报价。

图表2-3 乌克兰出口到中国的玉米报价

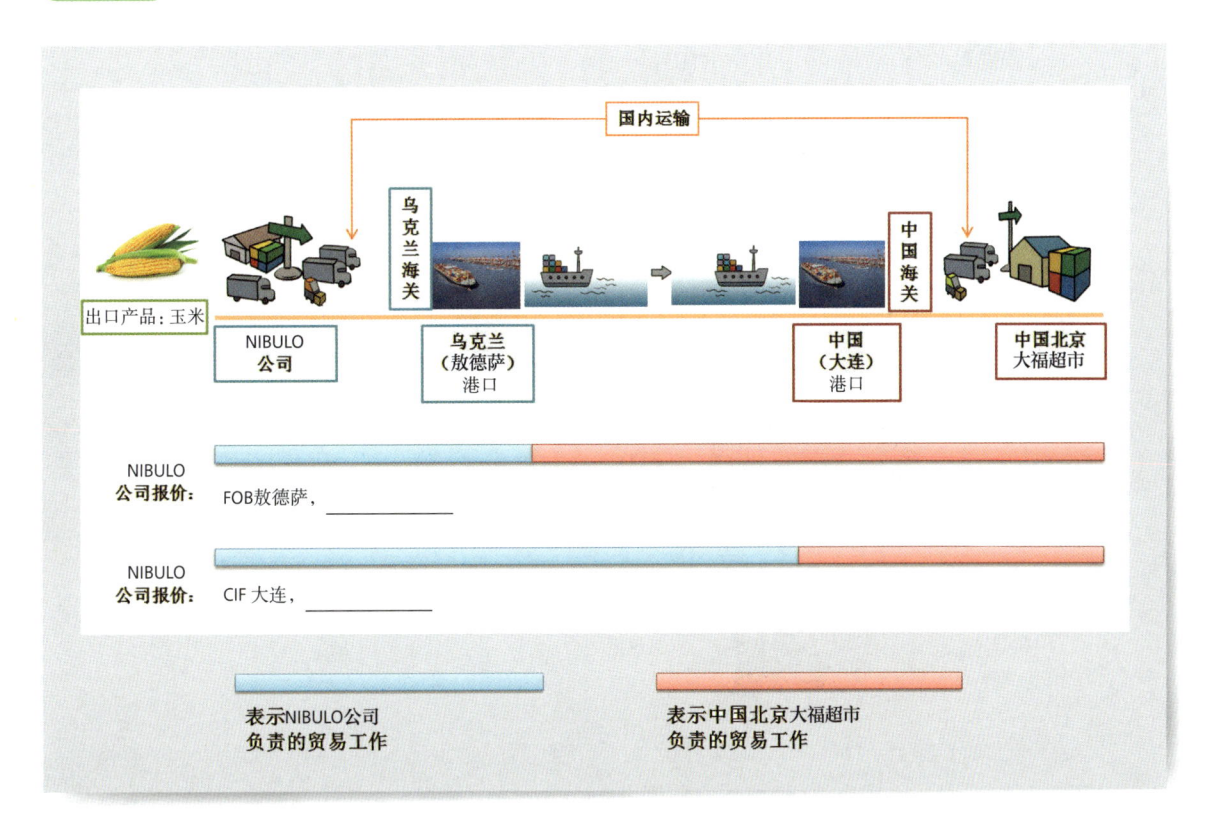

国内运输

出口产品：玉米
NIBULO公司 — 乌克兰（敖德萨）港口 — 乌克兰海关 — 中国（大连）港口 — 中国海关 — 中国北京大福超市

NIBULO 公司报价：FOB敖德萨，_____

NIBULO 公司报价：CIF 大连，_____

表示NIBULO公司负责的贸易工作

表示中国北京大福超市负责的贸易工作

4 写一写，说一说

完成下面的表格，然后两人一组进行简短的"询价和报价"的口语练习。

> 提示：目前世界上的国际通用货币包括美元、欧元、日元、英镑、澳元、瑞士法郎和人民币等。

第2课

19

报价

图表2-4 进口国是中国，出口国是你的国家

产品名称	图片	型号	单位	FOB价格	CIF价格
圆珠笔		B105	盒		
圆珠笔		R107	盒		

图表2-5 进口国是你的国家，出口国是中国

产品名称	图片	型号	单位	FOB价格	CIF价格
智能电视		ET01	台		
平板电脑		XP02	台		

词语二 2-5

1	订货数量	dìnghuò shùliàng	order quantity
2	确定	quèdìng	define
3	贵方	guìfāng	you; your business; your company
4	优惠	yōuhuì	preference; discount
5	达到	dádào	achieve; attain
6	享受	xiǎngshòu	enjoy
7	折扣	zhékòu	discount
8	折	zhé	discount
9	抢手	qiǎngshǒu	(of goods) marketable; in great demand
10	交货	jiāo huò	deliver goods
11	尽快	jǐnkuài	as soon as possible
12	回复	huífù	reply a letter; answer

第 2 课

21 报价

折扣　　抢手　　交货

对话二

出口商： 丽莎女士，为了能更准确地给您报价，您能不能说说订货数量？

进口商： 订货数量目前我们公司还很难确定，不知道贵方有什么具体的优惠条件？

出口商： 一次购买的数量达到100台的客户，可以享受5%的折扣；如果一次购买500台以上，将享受10%的折扣。

进口商： 一般来说，我们公司会订购100台以上，但是具体的数量还需要根据价格再确定。

出口商： 那我们就先按九五折的优惠给您报价，一会儿我就把最新的报价单发给您。

进口商： 那太好了！谢谢您考虑得这么周到。

出口商： 您也知道，我们这款智能音箱是公司的主打产品，在市场上非常抢手。为了保证将来能按时交货，也请贵公司收到报价单后尽快回复我们。

进口商： 好的，这些我们都非常清楚，咱们稍后再联系吧。

练习二

1 根据对话内容，回答下面的问题

1. 出口商提出了什么优惠条件？
2. 进口商的订货数量可能是多少？

2 听一听，写一写 🎧 2-7

下面是北京爱家电子设备生产公司的报价单，请听录音，并将报价单填写完整。

图表2-6 北京爱家电子设备生产公司的报价单

中国北京爱家电子设备生产公司

报 价 单

地　　址：北京市朝阳区智能产业科技园5号　　电　　话：(+0086) 010-14327639
联 系 人：李晓光　　　　　　　　　　　　　　电子邮件：lixiaoguang@aijia.com
日　　期：2022年1月4日　　　　　　　　　　　有 效 期：7天

产品名称	型号	规格	单位	价格	折扣
智能音箱	S5	88×88×211（毫米）白色			

3 听一听，说一说 🎧 2-8

下面是一家服装公司提出的产品优惠条件，请听录音，然后用两种不同的表达方式介绍一下这家公司的优惠条件。

图表2-7 优惠条件

购买数量	1—199件	200—699件	700件及以上
优惠折扣	15%	20%	30%
打几折	打八五折	打八折	打七折

4 写一写，说一说

在第1课的"贸易小组实践活动"中，你已经为自己的公司制作好了出口产品目录，现在请你为上面的产品制作一份给中国客户看的报价单，贴在下一页。

提示：报价单上必须注明FOB价格和CIF价格，可以参考练习二第2题中的报价单格式。

请在本页粘贴你准备的贸易文件

贸易小组实践活动

两家第一次接触的进出口公司进行产品询价和报价。

要求：

1. 两人一组，一人代表本国的出口公司，一人代表中国的进口公司。
2. 贸易文件：出口公司准备产品目录和报价单。
3. 洽谈内容必须包括：询价、报价和贸易术语（FOB、CIF）。

贸易知识小结

贸易知识

贸易术语（trade term）：在Incoterms® 2020中有11个贸易术语，包括EXW、FCA、CPT、CIP、DAP、DPU、DDP、FAS、FOB、CFR和CIF。这些贸易术语的设计目的是让货物的进出口商双方能快速、清楚地知道自己在这次国际贸易中的责任和工作，比如，谁来组织货物的运输或者买保险等。感兴趣的同学可以进一步阅读"参考网站及资料"里的书。

EXW/Ex Works（工厂交货）：这个贸易术语适用于任何运输方式。出口商只负责在工厂或仓库把货物交给进口商，货物的后续运输等工作都由进口商自己负责，这对进口商来说有很多困难。实际上，EXW更适合国内的贸易。报价时在EXW后面要加上交货的地点。

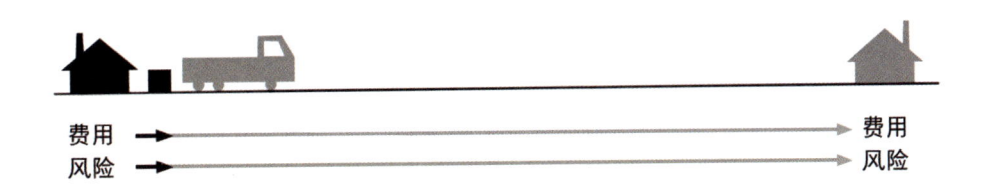

FOB/Free On Board（船上交货）：这个贸易术语只适用于海运。出口商只负责把货物交到装运港的船上，船由进口商来找。因为要说清楚在哪里装货，所以报价时一定要在FOB后面加上装运港的名称。

CIF/Cost, Insurance and Freight（成本、保险费加运费）：这个贸易术语只适用于海运。出口商负责找运输公司和保险公司、签运输合同和保险合同、付运费和保险费，还需要负责把货物交到装运港的船上。因为出口商要知道付运费到哪里，所以在报价时CIF后面一定要加上目的港的名称。

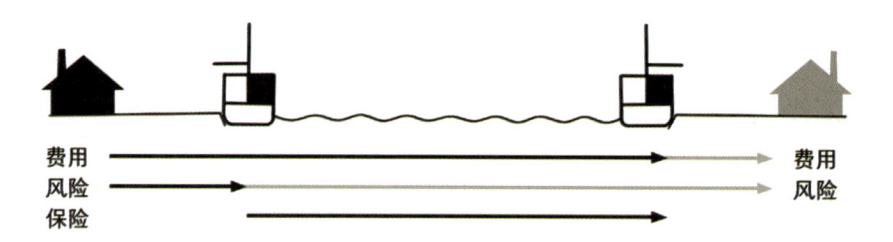

贸易有关文件

报价单 [(price) quotation]：这是贸易洽谈时必不可少的文件，是进出口商双方讨论价格的基础。报价单上一般需要注明产品公司的名称、地址、电话和产品名称、贸易术语、数量等。

> 提示：请参考本课北京爱家电子设备生产公司的报价单。

补充词语

1	装运港	zhuāngyùngǎng	port of shipment
2	目的港	mùdìgǎng	port of destination
3	固定	gùdìng	fixed; fixative
4	贸易术语	màoyì shùyǔ	trade term
5	通用	tōngyòng	be in common use; be commonly used
6	运输	yùnshū	transport
7	海关	hǎiguān	customhouse; customs
8	货币	huòbì	money; currency
9	美元	Měiyuán	American dollar
10	欧元	Ōuyuán	euro
11	日元	Rìyuán	Japanese yen
12	英镑	Yīngbàng	pound sterling; pound
13	澳元	Àoyuán	Australian dollar
14	瑞士法郎	Ruìshì Fǎláng	Swiss franc
15	人民币	Rénmínbì	*Renminbi* (RMB); (Chinese) *yuan*
16	单位	dānwèi	unit [standard of measurement]

参考网站及资料

- 中国国际商会. 国际贸易术语解释通则2020（中英版）[M]. 北京：对外经济贸易大学出版社，2019.

学习心得

⬇ 如果你是进口商，学完第2课后，你学到了哪些与工作相关的表达？你觉得哪些表达应该记下来？请记录在下面。

_____
_____
_____

⬇ 如果你是出口商，学完第2课后，你学到了哪些与工作相关的表达？你觉得哪些表达应该记下来？请记录在下面。

_____
_____
_____

⬇ 关于"报价"的工作，你还有什么收获？请记录在下面。

_____
_____

第3课 议价

工作热身

在国际贸易中，买卖双方在不同的国家。先付款后交货还是先交货后付款，这永远是让进出口商担心的问题。如果你是出口商，你希望用哪种方式？如果你是进口商呢？请你想一想，说一说：

1. 国际贸易中，"一手交钱，一手交货"的方式可能吗？为什么？
2. 先付款后交货，谁的风险大？先交货后付款，谁的风险大？
3. 如果进口商和出口商是第一次合作，他们都不太信任对方，那么有什么办法能促成交易吗？

词语一 🎧 3-1

1	试用	shìyòng	try out
2	品质	pǐnzhì	quality
3	信誉	xìnyù	prestige; credit
4	看重	kànzhòng	value; regard as important
5	预付	yùfù	pay in advance
6	货款	huòkuǎn	payment for goods
7	余款	yúkuǎn	spare money
8	信用证	xìnyòngzhèng	letter of credit (L/C)
9	支付	zhīfù	defray; pay

试用　　　　　　信誉　　　　　　货款

对话一 🎧 3-2

进口商：李经理，你们寄来的样品，我们试用后非常满意，但是报价单上的价格还是有点儿高了。

出口商： 您知道，我们这款音箱的品质很好，而且我们公司的信誉也是非常好的。

进口商： 是的，我们选择你们公司就是因为看重你们的产品质量。如果我们订购500台音箱，您看还能不能再多优惠一些？

出口商： 对购买数量达到500台的客户，公司会优惠10%。

进口商： 这一点我们很清楚，那还有没有其他的优惠？

出口商： 如果贵方可以多预付一些货款，我方可以考虑。

进口商： 您知道，这是初次合作，我们最多只能预付10%的货款。

出口商： 在这种条件下，我们最多再多给您2%的折扣，并且我们希望余款以信用证的方式支付。您看怎么样？

进口商： 嗯，我方还需要再考虑考虑。

出口商： 好的，等您的好消息。再见。

练习一

1 根据对话内容，回答下面的问题

1. 进口商对什么满意？对什么不满意？
2. 进口商计划订购多少台音箱？
3. 出口商会给多少优惠？
4. 在什么条件下，出口商会再多给2%的折扣？
5. 出口商希望余款以什么方式支付？

2 听一听，写一写 3-3

听录音，填写下面两种不同的货款支付方式。

1. 本次贸易的货款一共＿＿＿＿＿＿＿＿＿＿，买方分＿＿＿＿＿＿＿＿＿＿支付。

   交货前先预付＿＿＿＿＿＿＿＿＿＿，＿＿＿＿＿＿＿＿＿＿以信用证的方式支付。

2. 我们这次的货款金额不大，只有＿＿＿＿＿＿＿＿＿＿。买方在交货前先＿＿＿＿＿＿＿＿＿＿货款，余款2,000美元＿＿＿＿＿＿＿＿＿＿再支付。

3 听一听，想一想 3-4

为什么会产生信用证这种支付方式呢？进出口商怎样通过银行的信用证完成一次国际贸易的付款和交货呢？我们把使用信用证支付的步骤简化成了下面10步。边看下面的两幅图边听录音，想一想每一步的工作是为了什么。

图表3-1 进口商找银行开信用证，出口商交货

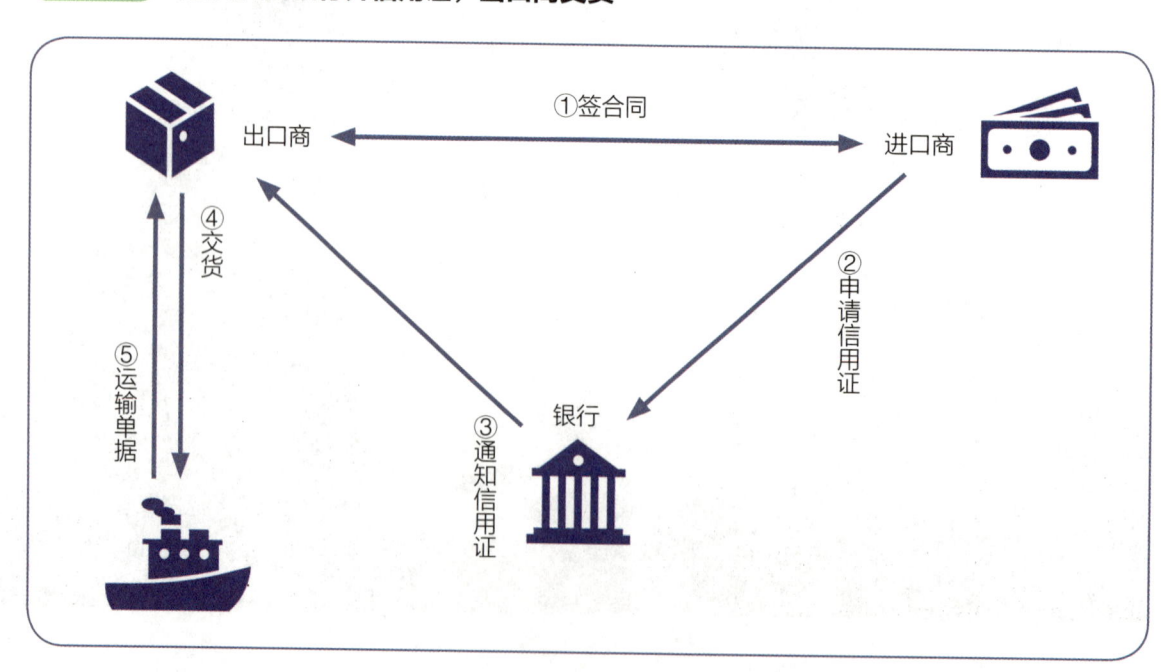

①签合同
②申请信用证
③通知信用证
④交货
⑤运输单据

出口商　进口商　银行

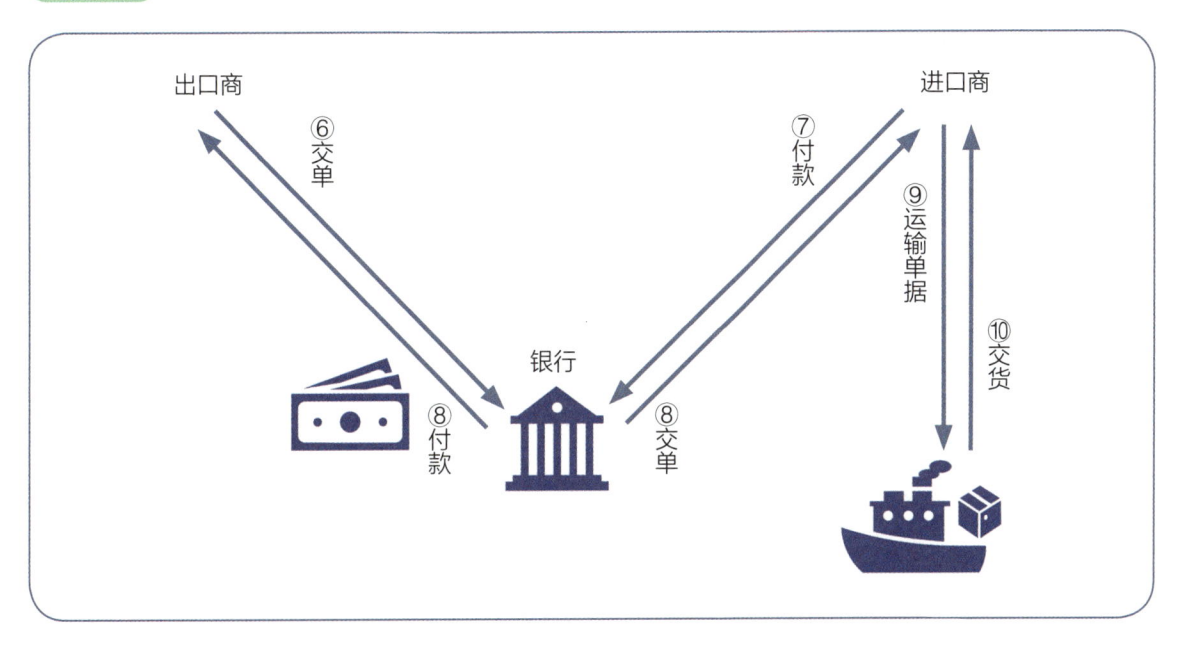

图表3-2 出口商给银行交单，进口商付款、提货

```
出口商 ←――⑥交单――― 银行 ―――⑦付款――→ 进口商
        ⑧付款→        ←⑧交单              ⑨运输单据↑  ↓⑩交货
                                                    船
```

4 读一读，说一说

看懂上面使用信用证支付的流程后，请说一说：在国际贸易中怎样用信用证的支付方式进行工作？用信用证支付有什么优点和缺点？

> 提示：在实际的工作中，最少需要进口商国家的一家银行和出口商国家的一家银行在中间服务，如果感兴趣可以看本课"参考网站及资料"里的书进一步学习。

词语 二

1	目前	mùqián	present moment
2	人工	réngōng	man-day
3	利润	lìrùn	profit
4	同类产品	tónglèi chǎnpǐn	similar product
5	性价比	xìngjiàbǐ	price/performance ratio
6	提供	tígōng	provide; supply
7	广告设计	guǎnggào shèjì	advertising design
8	是否	shìfǒu	whether or not
9	采用	cǎiyòng	put to use; adopt
10	远期信用证	yuǎnqī xìnyòngzhèng	usance letter of credit
11	本周	běnzhōu	this week; the current week
12	库存	kùcún	stock; reserve
13	一言为定	yìyán-wéidìng	that's settled then; a promise is a promise
14	订单	dìngdān	purchase order

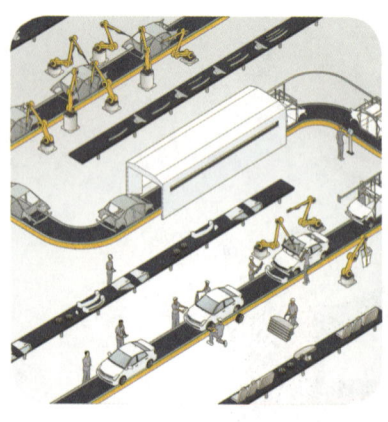

人工

同类产品

库存

对话二

进口商： 李经理您好，我们公司开会讨论过了，觉得你们公司目前的价格还是有点儿高，我们很难接受。

出口商： 您也知道，现在人工越来越贵，我们公司的利润已经很低了。在同类产品中，我们产品的性价比已经是最高的了。您看，如果我方免费提供一年的广告设计，贵方是否可以接受？

进口商： 如果信用证采用30天的远期信用证的话，我们可以接受这样的条件。

出口商： 那你们公司必须在本周内订货，您看怎么样？

进口商： 这一点没问题，那你们能不能保证交货时间不晚于下个月月底。

出口商： 从目前的库存看，问题不大。

进口商： 那好，我们计划订购500台智能音箱。

出口商： 好，一言为定，等您的正式订单。希望我们合作愉快。

进口商： 好的，合作愉快。

练习 二

1 根据对话内容，回答下面的问题

1. 进口商怎么客气地表达"你们的价格太贵了"？
2. 产品的价格还能再低一点儿吗？为什么？
3. 出口商主动提出什么优惠？
4. 进口商要求采用什么支付方式？
5. 双方对订货时间和交货时间分别有什么要求？

2 听一听，写一写 3-7

进口商和出口商都提出了两个对自己有利的贸易条件。请听录音，判断提条件的是进口商还是出口商，并在下面的方框中用✓表示。

进口商提的条件		出口商提的条件	
条件一	☐	条件一	☐
条件二	☐	条件二	☐
条件三	☐	条件三	☐
条件四	☐	条件四	☐

3 写一写，说一说

在本课的对话中，进口商在议价时提了哪些条件？出口商提了哪些条件？请将这些条件写在下面的方框里，并说一说这些条件对他们各自有什么好处。

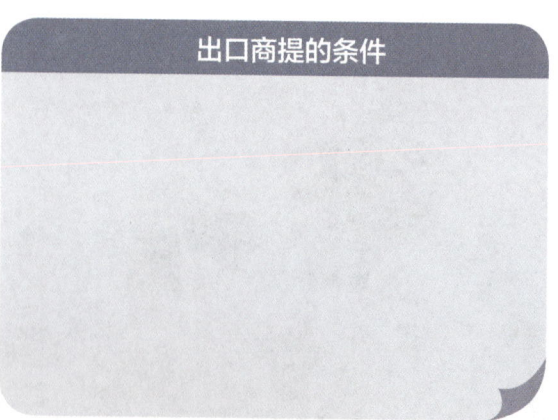

进口商提的条件	出口商提的条件

4 写一写，说一说

在议价时，除了上面总结的那些条件，进口商和出口商为了使各自的利益最大化，还会提出哪些条件？请将进出口商可能会提的条件写在下面的方框里，然后跟你旁边的同学说一说。

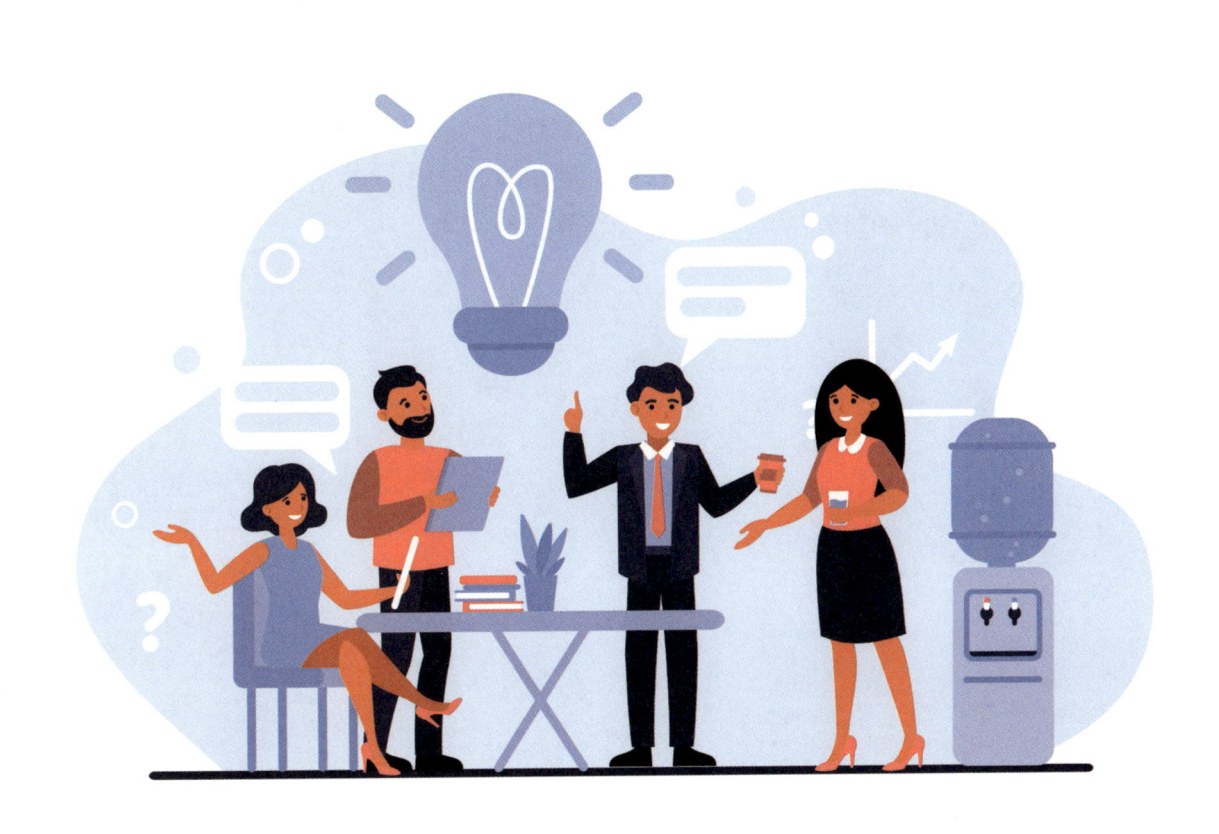

进口商可能会提的条件	出口商可能会提的条件

第 3 课

37

议价

贸易小组实践活动

两家第一次合作的进出口公司，对一次可能的贸易进行议价。

要求：

1. 两人一组，一人代表本国的出口公司，一人代表中国的进口公司。
2. 洽谈内容必须包括：信用证、议价条件（如交货时间、支付方式、订购数量、订购时间等）。

贸易知识小结

贸易知识

信用证 [letter of credit（L/C）]：是银行在进出口商中间帮助双方完成国际贸易的承诺文件。银行一方面帮进口商担保付款，一方面帮出口商提供合格的交货单据给进口商。因此，在进出口商双方对彼此缺少信任的情况下，银行的信用证是有利于促成贸易的。但是银行信用证的费用较高，如果货款不多就不合适了。按照付款时间的不同，信用证分为即期和远期两种。即期信用证一般是银行在收到合格的单据后5个工作日内付款。远期信用证是银行在收到合格的单据后，按照信用证约定的时间付款。比如，30天的远期信用证就是银行在收到合格的单据后5个工作日内做出30天后付款的承诺，并且在30天后付款。银行开信用证的服务费一般是货款的2%左右。

补充词语

1	促成	cùchéng	help to bring about; promote
2	金额	jīn'é	amount of money
3	简化	jiǎnhuà	simplify
4	运输	yùnshū	transport
5	单据	dānjù	bill; (supporting) document
6	交单	jiāodān	presentation (of documents)
7	提货	tíhuò	take delivery of goods; pick up goods
8	利益	lìyì	interest; benefit
9	最大化	zuìdàhuà	maximize
10	承诺	chéngnuò	promise to undertake
11	担保	dānbǎo	assure; guarantee
12	有利于	yǒulì yú	be beneficial to
13	即期	jíqī	immediate; spot
14	约定	yuēdìng	agree on; appoint

参考网站及资料

- 王腾，曹红波. 彻底搞懂信用证（第三版）[M]. 北京：中国海关出版社，2018.

学习心得

↘ 如果你是进口商，学完第3课后，你学到了哪些与工作相关的表达？你觉得哪些表达应该记下来？请记录在下面。

_____

_____

_____

↘ 如果你是出口商，学完第3课后，你学到了哪些与工作相关的表达？你觉得哪些表达应该记下来？请记录在下面。

_____

_____

_____

↘ 关于"议价"的工作，你还有什么收获？请记录在下面。

_____

_____

_____

第4课 订货

工作热身

如果你是进口商，已经跟出口商谈好了产品的价格，现在打算向出口商订货，那你该做哪些工作？请你想一想，说一说：

1. 怎么让出口商知道你要订购哪些产品？
2. 订购的时候，一定要向出口商说清楚哪些内容？

词语一 4-1

1	P.44 订货单	dìnghuòdān	order form
2	注明	zhùmíng	give clear indication (of)
3	名称	míngchēng	name (of a thing or organization)
4	事项	shìxiàng	item; matter
5	核对	héduì	check; verify
6	项	xiàng	item
7	需求	xūqiú	requirement
8	开信用证	kāi xìnyòngzhèng	open an L/C
9	开证行	kāizhèngháng	opening bank
10	配合	pèihé	coordinate; cooperate

核对

开证行

对话一 4-2

进口商：李经理，我们公司经过讨论，决定向你们公司订购音箱。

出口商： 太好了！

进口商： 我刚刚给您发了一张订货单，上面注明了订购产品的名称、型号、规格、颜色和数量。您看看，还有没有其他需要注意的事项？

出口商： 好的，我收到了。稍后我方会仔细核对订单上的每项内容，看看现在的库存是否能满足贵方的需求。

进口商： 好的，我方希望能在下个月月底前交货。

出口商： 这一点我们清楚，那也请贵方尽早开信用证。

进口商： 好，我们的开证行是西班牙Santander银行，可以吗？

出口商： 没问题，西班牙Santander银行的信誉很好，我们愿意接受。

进口商： 谢谢您的配合。

练习一

1 根据对话内容，回答下面的问题

1. 进出口商在讨论什么文件？
2. 订单上需要注明哪些内容？
3. 收到订单后，出口商需要仔细核对哪些内容？
4. 进口商希望什么时候交货？
5. 信用证的开证行是哪家银行？出口商同意吗？为什么？

2 听一听，写一写 🎧 4-3

下面是西班牙ABC家居用品公司下的订货单，请听录音，把订货单的内容填写完整。

图表4-1 西班牙ABC家居用品公司的订货单

订货单

买方：_____   年 月 日

产品名称	型号	规格（毫米）	颜色	数量（台）

买方签字：   盖章：

3 听一听，说一说 🎧 4-4

下面的订单中有一些问题，请听录音，说一说哪些内容需要修改，并在下面的订单上进行相应的修改。

图表4-2 完美化妆品销售公司的订单

订单

买方：完美化妆品销售公司　　　　　　　　　　　　　　2021年6月20日

产品名称	型号	规格	颜色	数量
唇膏	RA261	每支3.5毫升（mg）	261深红色	100支
洗面奶	X9001	每瓶100毫升（ml）	透明色	100瓶

买方签字：王明　　　　　　　　　　　　　　　　盖章

4 写一写，说一说

你作为中国的进口商，需要向跟你合作的出口公司下订货单。请根据第3课"贸易小组实践活动"中你的搭档代表的那家公司的实际情况，制作一份订货单，贴在下一页。

请在本页粘贴你准备的贸易文件

词语二

1	确认	quèrèn	affirm; confirm
2	分批交货	fēnpī jiāohuò	deliver goods by installments
3	一次交货	yícì jiāohuò	one-time delivery
4	抓紧	zhuājǐn	make the best use of one's time
5	备货	bèihuò	get goods ready for sale; stock up
6	发运	fāyùn	dispatch; send; ship
7	开立	kāilì	open; issue
8	受益人	shòuyìrén	beneficiary
9 P.61	销售合同	xiāoshòu hétóng	sales contract

对话二

出口商： 丽莎女士，您好。我刚刚确认了我们的库存，本来有600台音箱，但前两天其他客户订购了300台，现在只剩300台了。

进口商： 那再生产200台需要多长时间？

出口商： 您看，贵方是否接受分批交货？第一批本月底就可以交货，第二批等生产好了再交。

进口商： 我们还是希望能一次交货。您看能不能抓紧生产？

出口商： 嗯，生产时间比较紧，那贵方一定要尽快开信用证。一收到信用证，我们就马上开始备货，并准备包装、发运。

进口商：好的，我现在就跟我们的开证行西班牙Santander银行联系，开立受益人为你们公司的30天远期信用证。

出口商：好的，稍后我会给您发销售合同。

进口商：好的，再见。

练习二

1 根据对话内容，回答下面的问题

1. 目前出口商的库存是什么情况？
2. 出口商有没有直接回答生产时间的问题？他提出了什么新的条件？
3. 为什么需要进口商尽快开信用证？
4. 出口商收到信用证后会怎么做？

2 听一听，写一写 4-7

请将录音中提到的交货时间记录在下面。

冰淇淋 　　　　　　　沙发 　　　　　　　羽绒服

3 听一听，写一写 4-8

录音中的对话双方讨论了交货方式和交货时间，请把洽谈结果记录在下面。

衬衫　　　　　　　　　　圣诞树

交货方式　　　　　　　　　交货方式

交货时间　　　　　　　　　交货时间

4 写一写，说一说

你作为出口商，要求中国的进口商采用信用证的支付方式，你会对信用证提出哪些要求？请先写在下面，然后说一说你的要求。

贸易小组实践活动

假设进口商和出口商已经完成了议价工作，现在正在洽谈订货的事项。

要求：

1. 两人一组，一人代表本国的出口公司，一人代表中国的进口公司。
2. 贸易文件：进口公司准备订货单。
3. 洽谈内容必须包括：订购数量、交货方式、交货时间等。

贸易知识小结

贸易知识

交货时间（time of delivery）：交货时间通常不规定一个具体的日子，比如"交货时间是2021年5月25日"。可以说明一段时间，比如"2021年5月下旬交货"。常用的表示时间段的词语包括"上旬""中旬""下旬""月初""月底"等。"上旬"指的是每月一日到十日的十天，"中旬"指的是每月十一日到二十日的十天，"下旬"指的是每月二十一日到那个月最后一天的日子。"月初"指的是一个月的开头几天，"月底"指的是一个月的最后几天。也可以说明最晚的时间，比如"最迟2021年5月25日交货"。常用的表达包括"交货时间不晚于……""最迟……交货""装运期在……之前"等。

交货方式（way of delivery）：分为一次交货和分批交货两种方式，分批交货还需要说明分几批和每批具体的交货时间，比如"我们这次分两批交货，第一批于2022年9月上旬交货，第二批不晚于2023年3月底交货"。

贸易有关文件

订货单（order form）：这份文件由买方制作，是为了明确表示自己从卖方购买产品的文件，上面一般需要注明订购的产品名称、规格等内容。但是订货单不是必需的贸易文件，如果进出口商双方关系很好的话，可能打个电话就说好了。

补充词语

1	盖章	gàizhāng	stamp; seal
2	修改	xiūgǎi	revise; amend
3	冰淇淋	bīngqílín	ice cream
4	沙发	shāfā	sofa
5	羽绒服	yǔróngfú	down coat
6	圣诞树	shèngdànshù	Christmas tree
7	上旬	shàngxún	first ten days of a month
8	中旬	zhōngxún	middle ten days of a month
9	下旬	xiàxún	last ten days of a month
10	月初	yuèchū	beginning of a month
11	月底	yuèdǐ	end of a month

学习心得

↘ 如果你是进口商,学完第4课后,你学到了哪些与工作相关的表达?你觉得哪些表达应该记下来?请记录在下面。

_____
_____
_____

↘ 如果你是出口商,学完第4课后,你学到了哪些与工作相关的表达?你觉得哪些表达应该记下来?请记录在下面。

_____
_____
_____

↘ 关于"订货"的工作,你还有什么收获?请记录在下面。

_____
_____
_____

第5课 签订合同

工作热身

进出口商双方马上要签销售合同了,签字前需要检查合同上的哪些内容?
请你想一想,说一说:

1. 与时间有关的内容有哪些?
2. 与钱有关的内容有哪些?
3. 签国际贸易的销售合同时还要注意哪些问题?

词语一

1	签订	qiāndìng	conclude and sign
2	形式发票	xíngshì fāpiào	pro forma invoice
3	沟通	gōutōng	communicate
4	约定	yuēdìng	agree on; appoint
5	疏忽	shūhu	be careless; neglect
6	装运期	zhuāngyùnqī	time of shipment
7	推迟	tuīchí	delay; put off
8	提前	tíqián	shift to an earlier date; advance
9	随时	suíshí	at any time

签订　　　　　形式发票　　　　　疏忽

对话一

进口商：李经理您好，您发来的形式发票和销售合同我们都收到了，但是上面还有一些问题需要跟您沟通。

出口商： 您请讲。

进口商： 关于预付货款，我们约定的是10%，怎么上面写的是20%？

出口商： 哦，真对不起，这是我的疏忽。我马上修改。

进口商： 还有，关于装运期，我们还是希望能改到下个月月底。

出口商： 下个月月底前装运，对我们来说，实在很困难。目前的装运期只推迟了半个月，如果提前完成了生产，我方会尽快安排包装、发运的，这一点请您放心。

进口商： 那好吧，希望一切顺利。

出口商： 好的。有什么问题，我们随时联系。

练习一

1 根据对话内容，回答下面的问题

1. 进出口商在讨论什么文件？
2. 进口商发现什么写错了？出口商是怎么回答的？
3. 关于装运期，进出口商双方是怎么决定的？

2 听一听，说一说 🎧 5-3

听一听下面这些比较大的交易金额用汉语怎么说，自己练习说一说。再请你写两个大数字，让旁边的同学说一说是多少。

1,002元
83,050元
78,904元
608,000元
20,200,200元

_____

_____

3 听一听，写一写 🎧 5-4

录音中提到了四笔金额很大的货款，请按听到的顺序连线。

第一笔 •	• 568,000元
第二笔 •	• 560,080元
第三笔 •	• 4,913,726元
第四笔 •	• 491,380元

4 读一读，写一写

你一定学过汉字的小写数字，如"一、二、三、四、五、六、七、八、九、十"等。但是，在中国公司的财务文件中，表示金额的时候，需要用汉字的大写数字（请看下面的米字格里的汉字），比如，1,000元写成"壹仟元"，23,006元写成"贰万叁仟零陆元"。你能用大写数字把第2题和第3题里的金额写出来吗？试一试吧。

1 一 壹	2 二 贰	3 三 叁	4 四 肆	5 五 伍
6 六 陆	7 七 柒	8 八 捌	9 九 玖	10 十 拾
100 百 佰	1,000 千 仟	10,000 万 万	100,000,000 亿 亿	0 ○ 零

第 5 课

签订合同

词语 二 5-5

1	务必	wùbì	must; be sure to
2	单价	dānjià	unit price
3	总值	zǒngzhí	total value
4	电汇	diànhuì	telegraphic transfer (TT)
5	转入	zhuǎnrù	transfer to; shift to
6	账户	zhànghù	account
7	开户银行	kāihù yínháng	bank of deposit
8	账号	zhànghào	account number
9	到账	dàozhàng	credited into account
10	正本	zhèngběn	original (of a document)
11	保留	bǎoliú	retain; keep

单价   电汇   账号

对话二

出口商：丽莎女士，您好。我刚刚把修改好的销售合同给您发过去了，请查收。

进口商：是的，我刚刚收到。

出口商：请您务必仔细核对产品的单价和总值。

进口商：合同里还有什么需要特别注意的吗？

出口商：请特别注意价格指的是到巴塞罗那的CIF价格。还有，预付货款的支付方式是电汇。我们希望您能尽快把钱转入我们公司的账户。

进口商：没问题，请告诉我你们公司的开户银行名称和账号，银行电汇很快就会到账。

出口商：好的。那如果销售合同没有问题的话，我会用快递寄给您两份正本。请两份都签名，自己保留一份，另一份请尽快寄回。

进口商：好的，没问题。

练习二

1 根据对话内容，回答下面的问题

1. 进口商收到销售合同后需要仔细核对哪些内容？
2. 销售合同里还有什么需要特别注意的？
3. 用电汇的支付方式时，需要知道收款方的哪些信息？
4. 如果销售合同没有问题，进口商应该怎么做？

2 听一听，写一写 🎧 5-7

现在有一笔预付货款要电汇给北京爱家电子设备生产公司。请听录音，记录电汇需要的信息。

图表5-1 电汇凭证

中国建设银行 China Construction Bank	电 汇 凭 证	No
币别：	年 月 日	流水号：

汇款方式	□普通	□加急			
汇款人	全 称		收款人	全 称	
	账 号			账 号	
	汇出行名称			汇入行名称	
金额	（大写）				亿千百十万千百十元角分

3 写一写，说一说

从学习第1课到现在，我们已经能完成下面销售合同中的大部分内容了。请根据课文中的贸易情况，填写此次贸易的销售合同，并说一说合同上注明了哪些内容。

图表5-2 北京爱家电子设备生产公司的销售合同

销售合同

合同号码： 　　　　　　　　签订日期：

卖方： 　　　　　　　　　　联系地址：

　　　　　　　　　　　　　联系方式：（+0086）

买方： 　　　　　　　　　　联系地址：

　　　　　　　　　　　　　联系方式：（+0034）

经买卖双方确认，同意以下条款：

产品名称	型号	规格	颜色	数量（台）	单价及贸易术语

货款总值（大写）	
装运期及运输方式	
装运港及目的港	
支付方式	
备注	

买方（签字盖章）： 　　　　　　　　　　卖方（签字盖章）：

> 提示：型号、单价等信息可以从做过的练习答案中找到，合同号码、买方联系地址等无法找到的信息可以自拟，签订日期可以是正在做这个练习的实际时间。

4 写一写，说一说

你作为出口商，是否已经准备好要跟合作的中国进口公司签订销售合同了？请为你们这次的贸易制作一份销售合同，贴在下一页。

请在本页粘贴你准备的贸易文件

贸易小组实践活动

假设进口商和出口商已经完成了订货工作,现在正在洽谈销售合同,即将签订合同。
要求:
1. 两人一组,一人代表本国的出口公司,一人代表中国的进口公司。
2. 贸易文件:出口公司准备销售合同。
3. 洽谈内容必须包括:确认、修改销售合同的内容,并成功签订合同。

贸易知识小结

贸易知识

电汇 [telegraphic transfer (TT)]:汇款人通过银行把钱转到收款人账户的汇款方式。电汇是国际贸易中最快、最方便的支付方式,银行的费用也很低。但是,如果采用电汇的支付方式,先付款后交货的话,需要出口商有很好的信用,进口商风险较大。

贸易有关文件

发票(invoice):通常指的就是"商业发票"(commercial invoice),是出口商给进口商的,发票上说明交易的商品总值并提示进口商付款。这是国际贸易中最重要的单证之一。一般在货物生产好了准备装运时,出口商就准备好了商业发票。对话中的"形式发票"(pro forma invoice)不是正式的商业发票,是出口商根据进口商的要求发的一份初步的发票,目的是让进口商了解购买商品需要多少钱,申请信用证的时候使用。

销售合同(sales contract):一般由出口商制作,是出口商与进口商签订的确定产品、价格、责任等条款的正式文件。双方同意合同上的条款并签字盖章后,该合同具有法律效力。

补充词语

#	词	拼音	释义
1	凭证	píngzhèng	proof; evidence
2	汇款	huìkuǎn	remit money
3	普通	pǔtōng	ordinary; common
4	加急	jiājí	urgent
5	汇出行	huìchūháng	remitting bank
6	汇入行	huìrùháng	receiving bank
7	备注	bèizhù	remarks
8	商业发票	shāngyè fāpiào	commercial invoice
9	法律效力	fǎlǜ xiàolì	legal effect

参考网站及资料

- 杨静. 国际商务单证双语教程（第三版）[M]. 大连：东北财经大学出版社，2019.

学习心得

⤓ 如果你是进口商,学完第5课后,你学到了哪些与工作相关的表达?你觉得哪些表达应该记下来?请记录在下面。

⤓ 如果你是出口商,学完第5课后,你学到了哪些与工作相关的表达?你觉得哪些表达应该记下来?请记录在下面。

⤓ 关于"签订合同"的工作,你还有什么收获?请记录在下面。

复习与展示（一）

第1课—第5课学习内容总结

① 从第1课到第5课，我们学习了哪些国际贸易知识？一起制作了哪些重要的贸易文件？边看下面的表格边复习课文。

图表1 第1课—第5课学习内容总结

课文	贸易知识	贸易文件
第1课　询价	询价、报价	产品目录
第2课　报价	贸易术语：EXW、FOB、CIF	报价单
第3课　议价	信用证	
第4课　订货	交货时间、交货方式	订货单
第5课　签订合同	电汇	发票、销售合同

② 上面的这些贸易知识你都理解了吗？跟旁边的同学互相说一说：在国际贸易工作中，怎么用这些知识来工作？

③ 你作为出口商或进口商，关于贸易文件的作业都完成了吗？请把你的贸易文件准备好，我们马上就要开始真正的国际贸易洽谈了。

4 你作为出口商或进口商,在学完了前五课后,现在能用汉语完成哪些国际贸易工作?请看下面进出口商各自的工作任务,思考怎么完成从开始洽谈到签订合同这四个阶段的工作。

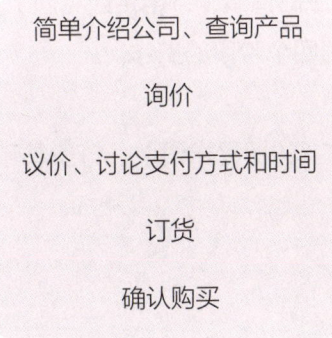

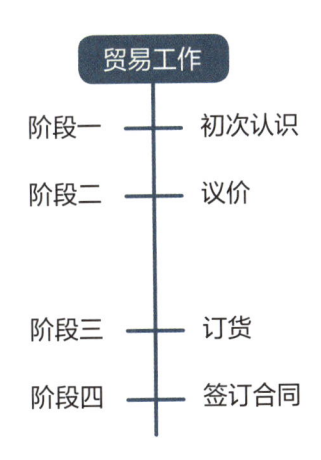

进口商	贸易工作	出口商
简单介绍公司、查询产品	阶段一 —— 初次认识	简单介绍公司、产品
询价	阶段二 —— 议价	报价
议价、讨论支付方式和时间		议价、讨论支付方式和时间
订货	阶段三 —— 订货	讨论交货方式和时间
确认购买	阶段四 —— 签订合同	确认销售

贸易小组实践活动

中外国际贸易进出口商洽谈展示。

要求：

1. 两人一组，一人代表本国的出口公司，一人代表中国的进口公司。出口公司必须是小组成员本国真实存在的一家公司。双方需要确定各自代表的公司和进行贸易的产品，同时双方都需要对产品比较了解。在设计对话前，先选择对话发生的情景（打电话或见面）。

2. 洽谈内容必须包括：初次认识、议价、订货和签订合同四个阶段的工作。

3. 展示时间：15分钟。

4. 准备贸易文件：产品目录、报价单（需要注明FOB或CIF的贸易术语）、订货单和销售合同。

5. 准备对话文本：将你们的对话内容写出来。

6. 注意事项：

   ○ 对话内容不能跟课文一模一样，需要根据贸易货物和贸易双方的实际情况设计内容。比如，信用证的开证行必须是进口国一家真实存在的银行。

   ○ 展示时不能一直按照文本读，尽量将对话内容记下来，记得越多越好。

语言知识

1 对话中常用的"小词"

在对话时，常常有一些连接两个人的话语的"小词"表示"同意、不确定、知道了"等意思。这些"小词"会让你在对话的时候表达得更自然。在课文对话中出现的这类"小词"有"嗯"和"哦"，下面听一听它们在对话中的不同发音，以及代表的不同意思。你可以从前面的课文中找到例句补充在下面。

图表2 对话中常用的"小词"

发音		意义	对话中的例句
嗯	🎧 001	表示同意	嗯，那稍后我给您发产品目录。（第1课，对话一）
	🎧 002	表示不确定	嗯，我方还需要再考虑考虑。（第3课，对话一）
哦	🎧 003	表示突然明白了	哦，丽莎女士，您好。（第1课，对话一）
	🎧 004	表示知道了	哦，我刚刚收到了。（第2课，对话一）
	🎧 005	表示将信将疑	哦？我们的货物在出口时也检验过，有出口检验证明，包装箱不应该存在问题啊。（第10课，对话二）

2 词语辨析

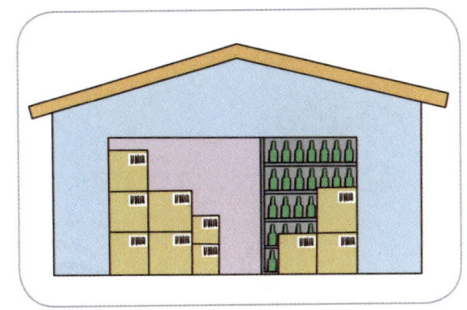

❶

产品　　　　　　　　　　货物

词语详解

产品：生产出来的物品，多从生产公司的角度表达。比如"这是我们公司的最新产品，下面我给您介绍一下这款产品的功能"。

货物： 供出售的商品，常常数量比较多，放在仓库或者是正在运输。比如"我负责仓库进出货物的管理""这艘船上有我们的货物"。

> 练一练

1. 售货员：您看看，这是我们品牌今年最新款的_____。

2. 运输司机：所有的_____都装完了。

3. 销售部工作人员：王先生，不知道您对我们的_____是否满意？

4. 销售部工作人员：我们的_____已经到达上海港了。

❷

品质　　　　　　　　　　质量

> 词语详解

品质： 产品的质量，一般跟"好词"一起用。比如"品质优良""品质很好"。几乎不会有"品质很差"这样的表达，所以人们常用"品质"来介绍自己公司的产品。

质量： 产品或工作的好坏程度，是一个中性词，跟"好词""坏词"都可以搭配。比如"产品的质量很好""产品的质量有问题"。

> 练一练

1. 顾客：你们公司的产品_____真是太差了，我要退货。

2. 销售部工作人员：您知道我们公司的产品_____是目前市场上最好的。

3. 产品的广告：_____优良，包装精美。

4. 顾客：这几款手机中哪款的_____比较好？

❸

款　　　　　　　　　　种

词语详解

款： 用来介绍产品样式的种类，是一个量词。比如"我们今年冬天设计了三款羽绒服""您喜欢今年这一款设计吗"。

种： 表示种类，用于人和任何事物，是一个常用的量词。比如"我会好几种语言""我们生产多种不同规格的产品"。

练一练

1. 售货员：打折的是去年的那两 _____ ，今年的这一 _____ 不打折。

2. 销售部工作人员：这是我们公司今年夏季最新的一 _____ 女士连衣裙。

3. 销售部工作人员：我们公司主要生产三 _____ 不同类型的笔，有圆珠笔、自动铅笔和荧光笔。

4. 顾客：请问，哪 _____ 牛奶是当地的？

❹

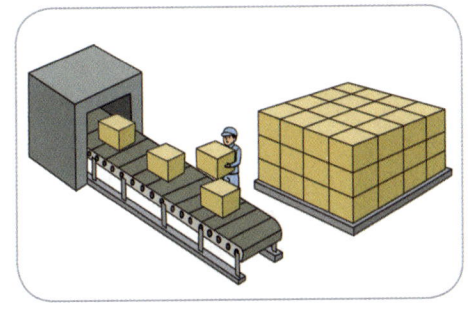

批 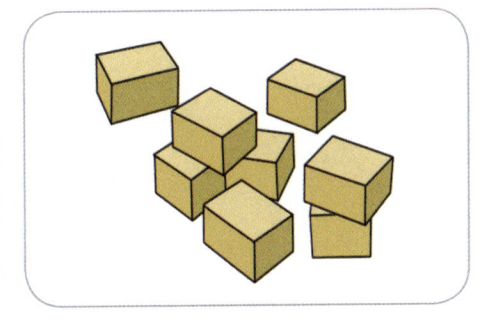　　　　　　　　　堆

词语详解

批： 用于表示大量的货物，是一个量词。比如"我们打算向你们公司订购一批货物""最近生产的那批产品质量有问题"。

堆： 用于成堆的物品，是一个量词，表示很多东西比较乱地放在一起。比如"把那堆书收起来""这一大堆报纸是打算扔掉的"。

练一练

1. 客户：刚收到的这 _____ 货的颜色好像有点儿不对。

2. 经理：那一 _____ 是什么东西？怎么那么乱？

3. 经理：南美客户订购的这 _____ 货具体什么时候能交货？

4. 销售部工作人员：刚刚一位大客户把我们仓库的最后一 _____ 货都订走了。

第 6 课 货物包装

工作热身

如果你是出口商,已经准备好货物,为了在运输时保证货物的安全,你会选择什么样的包装材料?在包装箱外面写上哪些信息?请你想一想,说一说:

1. 你出口的产品是什么?选什么样的包装材料合适?
2. 你在选包装材料的时候,更关心包装材料的价格还是包装材料对货物的保护效果?为什么?
3. 出口商在包装好货物后,为了准备运输,会使用什么文件说明运输包装的情况?

词语一 6-1

1	销售包装	xiāoshòu bāozhuāng	consumer packing
2	设计方案	shèjì fāng'àn	design plan
3	产品说明书	chǎnpǐn shuōmíngshū	directions of a product
4	运输包装	yùnshū bāozhuāng	shipment packing
5	唛头	màitóu	shipping mark
6	包装箱	bāozhuāngxiāng	packing box
7	品名	pǐnmíng	name of an article
8	产地	chǎndì	place of production
9	净重	jìngzhòng	net weight
10	毛重	máozhòng	gross weight
11	尺寸	chǐcùn	measure; dimension; size
12	刷	shuā	paint
13	指定	zhǐdìng	appoint; assign
14	标志	biāozhì	sign; mark

销售包装

运输包装

唛头

第 6 课

货物包装

对话一

进口商： 李经理，你们寄来的样品的销售包装上只有中文，我们希望在西班牙市场销售的产品能使用西班牙语的包装。

出口商： 没问题，我们会跟包装公司沟通好。等包装公司出了设计方案后，我们会请你们做最后的决定。

进口商： 这样最好了。那产品说明书也有西班牙语的吧？

出口商： 这点您放心，我们的说明书是多语种的，当然也包括西班牙语。

进口商： 那好。关于运输包装，我们对唛头有特别的要求。我们希望在包装箱上注明品名、目的港、产地、净重、毛重和箱号。

出口商： 好。另外，我们也会注明包装箱内的产品数量和包装箱的尺寸。

进口商： 好的。

出口商： 您放心，我们一定会按你们的要求刷上指定的标志。

进口商： 嗯，那包装的问题就先谈到这里吧。

出口商： 好的，有问题随时联系。

练习 一

1 根据对话内容，回答下面的问题

1. 进出口商在讨论什么工作？
2. 进口商对销售包装提出了什么要求？
3. 出口商准备的产品说明书有什么特点？
4. 在运输包装箱上会刷哪些内容？

2 听一听，写一写 🎧 6-3

录音中的两个人在谈论运输包装箱上要刷哪些内容。请听录音，并记录在下面。

包装箱上需要注明_____

_____

_____

_____

3 写一写，说一说

根据课文，将北京爱家电子设备生产公司出口货物的运输包装箱上的内容补充完整，再说一说上面注明了哪些内容。

图表6-1 北京爱家电子设备生产公司出口货物的运输包装箱

包装箱内容：
- ABC（标志）
- 收货人：
- 合同号：
- 目的港：
- 箱号：C/NO.1-25
- 品名：
- 产地：
- 数量：20台
- 净重：22千克
- 毛重：27千克
- 包装尺寸：66厘米×29厘米×26厘米

提示：合同号码须与第5课练习中填写的销售合同的合同号码一致。

4 **写一写，说一说**

作为出口商，请根据你在"贸易小组实践活动"中设计的贸易情况，指定运输包装箱上需要注明哪些内容。

图表6-2　你们自己出口货物的运输包装箱

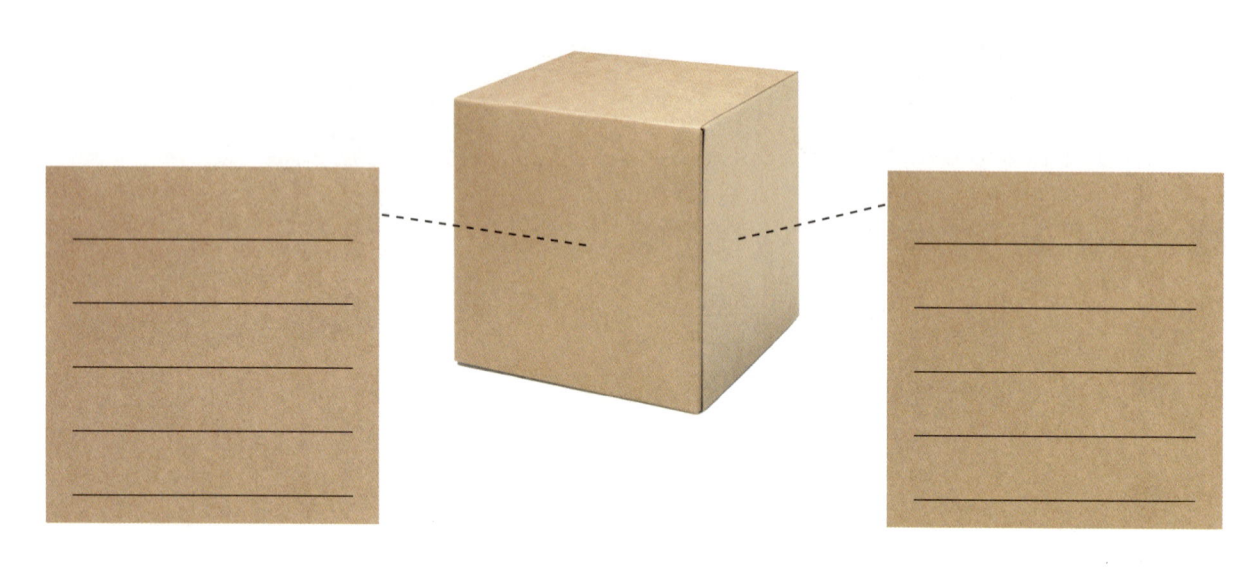

词语二 6-4

1	类	lèi	kind; type
2	包装材料	bāozhuāng cáiliào	packing (material); wrapping
3	瓦楞纸	wǎléngzhǐ	corrugated paper
4	硬纸	yìngzhǐ	cardboard; hardboard
5	泡沫	pàomò	foam
6	坚固	jiāngù	firm; solid
7	经济实惠	jīngjì shíhuì	economical but practical
8	体积	tǐjī	volume
9	重量	zhòngliàng	weight
10	防震	fángzhèn	be shockproof; be antiseismic
11	防潮	fángcháo	be damp-proof
12	P.81 装箱单	zhuāngxiāngdān	packing list

瓦楞纸　　　　硬纸　　　　泡沫

第 6 课

货物包装

对话二

出口商 Lǐ Xiǎoguāng 李晓光
中国北京爱家电子设备生产公司
海外销售部经理

包装公司 Wáng Ruìpíng 王瑞平
中国北京巨益包装公司
市场部经理

出口商：王经理，我们公司需要包装一批出口到西班牙的货物。

包装公司：你们要包装的是哪一类货物？

出口商：是尺寸比较小的智能音箱，一共500台。你们有哪些包装材料？

包装公司：我们有瓦楞纸、硬纸、泡沫等多种包装材料。

出口商：对我们的产品来说，哪种材料又坚固又经济实惠呢？

包装公司：你们这次的产品体积小、重量轻，双层的瓦楞纸箱就可以了。每箱可以装20台，这样箱子的大小比较合适。

出口商：好，但是这次海运的时间比较长，我们希望在包装箱内加上泡沫材料，这样能起到防震、防潮的保护作用。

包装公司：这没有问题。你们有指定的唛头吗？

出口商：有，我稍后给您发一份包装说明。

包装公司：好的，请放心，我们一定会按照你们的要求包装。我们的装箱单一共有四份，上面注明了包装的各项情况。

出口商： 好的，如果有什么问题，我们随时联系。

练习二

1 根据对话内容，回答下面的问题

1. 对话的是哪两家公司？
2. 包装公司有哪些包装材料？
3. 本次贸易的运输包装选择了哪种包装材料？为什么这么选择？
4. 包装公司会为本次贸易制作什么文件？

2 听一听，写一写 🎧 6-6

听一听：录音中提到了哪些包装材料？用不同的材料可以做出哪些不同的包装？请记录在下面。

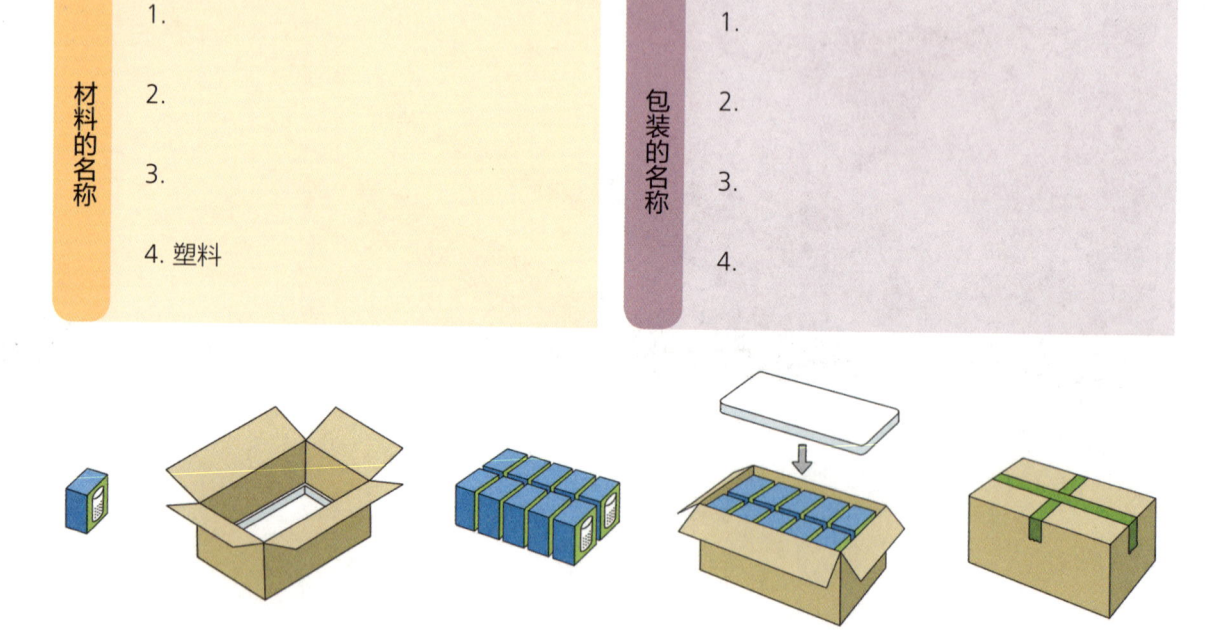

材料的名称
1.
2.
3.
4. 塑料

包装的名称
1.
2.
3.
4.

3 读一读，写一写，说一说

下面是北京爱家电子设备生产公司出口货物的装箱单。请先看一看装箱单上的内容，然后根据学过的课文将装箱单补充完整，再说一说这份装箱单上注明了哪些内容。

提示：发票号自拟，合同号须与销售合同上的合同号码一致。

图表6-3 北京爱家电子设备生产公司出口货物的装箱单

装 箱 单

卖方：　　　　　　　　　　　　　　　　发票号：
　　　　　　　　　　　　　　　　　　　合同号：
买方：　　　　　　　　　　　　　　　　日期：
装运港：　　　　　　　　　　　　　　　目的港：

唛头与箱号	货物名称及规格	数量（台）		毛重（千克）		净重（千克）	
		每箱	总计	每箱	总计	每箱	总计
	智能音箱S5 88×88×211（毫米）			27		22	

4 写一写，说一说

作为出口商，请你根据练习一第4题中出口货物的运输包装情况，制作一份装箱单，贴在下一页。

请在本页粘贴你准备的贸易文件

贸易小组实践活动

出口商跟包装公司洽谈。假设出口商已经与进口商沟通好了指定的唛头等信息，要根据出口货物的特点选择包装材料。包装公司要为出口商提供专业的包装服务。

要求：

1. 两人一组，一人代表出口公司，一人代表包装公司。
2. 贸易文件：包装公司准备装箱单。
3. 洽谈内容必须包括：包装材料、唛头等包装箱上的标志。

贸易知识小结

贸易知识

销售包装（consumer packing）：主要作用是美化商品，宣传商品，吸引顾客购买商品。

运输包装（shipment packing）：主要作用是保护商品，方便运输和装卸。

唛头（shipping mark）：在包装箱外面刷上唛头是为了把一批货与其他货分开，唛头一般是由买方指定的。唛头内容一般包括下面几项：收货人或买方名称、合同号码、目的地、总件数及箱号。（参考练习一的第3题。）

贸易有关文件

装箱单（packing list）：由出口商或包装公司制作的文件，用于说明运输包装的情况，也是进出口报关和保险索赔的重要文件。

补充词语

1	塑料	sùliào	plastic
2	装卸	zhuāngxiè	load and unload
3	报关	bàoguān	declare (at customs)
4	索赔	suǒpéi	claim compensation against

参考网站及资料

- 田运银. 国际贸易实务精讲（第六版）[M]. 北京：中国海关出版社，2014.
- 杨静. 国际商务单证双语教程（第三版）[M]. 大连：东北财经大学出版社，2019.

学习心得

↘ 如果你是进口商,学完第6课后,你学到了哪些与工作相关的表达?你觉得哪些表达应该记下来?请记录在下面。

_____

_____

_____

↘ 如果你是出口商,学完第6课后,你学到了哪些与工作相关的表达?你觉得哪些表达应该记下来?请记录在下面。

_____

_____

_____

↘ 关于"货物包装"的工作,你还有什么收获?请记录在下面。

_____

_____

_____

第7课 货物运输

工作热身

如果你是出口商，负责出口货物的国际海运工作。请你想一想，说一说：

1. 你打算找哪家公司来帮你们运输？为什么？
2. 在跟运输公司洽谈的时候，你关心哪些问题？
3. 办理好装运手续后，什么文件能证明你的货物已经装船了？这份文件是由谁制作的？

词语一 7-1

1	物流	wùliú	logistics
2	航线	hángxiàn	shipping line
3	多式联运	duōshì liányùn	multimodal transport
4	空运	kōngyùn	airlift
5	陆运	lùyùn	transport by land
6	门到门	mén dào mén	door to door
7	集装箱	jízhuāngxiāng	container
8	整箱	zhěngxiāng	full container load (FCL)
9	拼箱	pīnxiāng	less than container load (LCL)
10	立方米	lìfāngmǐ	cubic meter
11	千克	qiānkè	kilogram
12	合理	hélǐ	rational

物流 　　　　　　　空运 　　　　　　　陆运

集装箱 　　　　　　整箱 　　　　　　　拼箱

第 7 课

87

货物运输

对话 一

出口商 Lǐ Xiǎoguāng 李晓光
中国北京爱家电子设备生产公司
海外销售部经理

运输公司 Zhāng Liàng 张亮
中国天津高通国际物流公司
业务部经理

出口商： 是高通国际物流公司吗？我们有一批电子产品要运到西班牙巴塞罗那，你们有这条航线吗？我们的装运港是天津。

运输公司： 有。我们是国际多式联运专家，提供海运、空运、陆运等门到门的物流服务。你们需要什么时候装运？

出口商： 大概在下个月下旬。我们希望用集装箱运输。

运输公司： 没问题，我们有最先进的集装箱运输设备。你们是整箱还是拼箱？

出口商： 这批货的体积不大，拼箱。你们还有空余的集装箱吗？

运输公司： 稍等，我查一下。嗯，下旬的集装箱还没有被订满。

出口商： 那运费怎么计算呢？

运输公司： 运费可以按重量计算，也可以按体积计算，从高计费，要根据你们的货物情况来确定。

出口商： 我们的货物是500台智能音箱，一共25个包装箱，体积约1.2立方米，总重量约675千克。请您报价看看。

运输公司： 好的，稍后给您回复。您放心，我们的报价一定是合理的。

练习一

1. 根据对话内容，回答下面的问题

1. 出口商找的是哪家运输公司？
2. 这家运输公司是怎么介绍自己的？
3. 出口商提出了什么要求？
4. 运费如何计算？

2. 听一听，写一写 🎧 7-3

录音中介绍了2020年中国排名前八位的集装箱港口，请你完成港口的排名表，并对照地图标出这些港口的位置。

> 提示：地图上已经有了4个港口的城市名，另外4个港口需要你自己找到它们的位置。

中国集装箱港口排名：

1. _____ 2. _____ 3. _____ 4. _____

5. _____ 6. _____ 7. _____ 8. _____

图表7-1 中国地图

中国地图

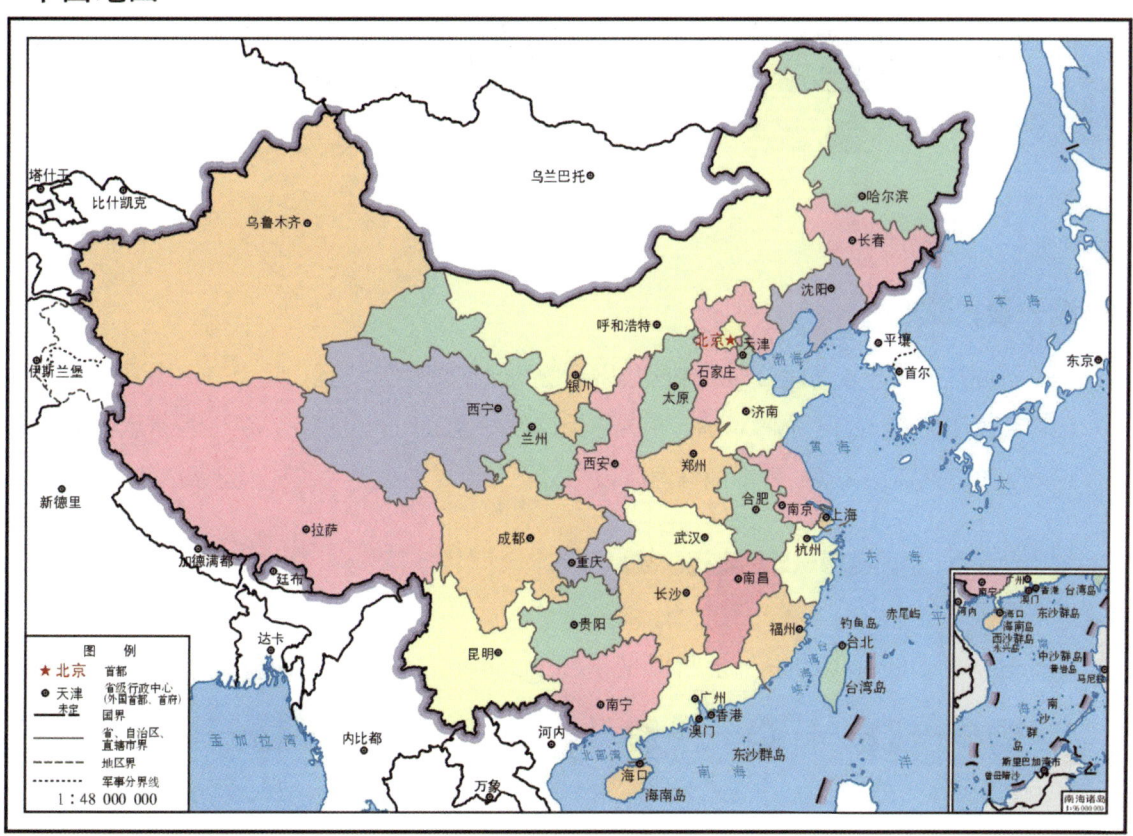

审图号：GS(2019)1826号   自然资源部 监制

3 听一听，说一说 🎧 7-4

录音中介绍了20英尺（大约6米）标准集装箱的长、宽、高、容积和载重量。请听录音，看下面的图表，熟悉一下集装箱的规格，然后给你旁边的同学介绍一下。

图表7-2　集装箱的规格

20英尺标准集装箱				
箱体比例	内部尺寸	长（毫米）	宽（毫米）	高（毫米）
		5,898	2,352	2,392
	容积与载重	/	容积（立方米）	载重（千克）
		/	33.2	21,000
	箱门尺寸	/	宽（毫米）	高（毫米）
		/	2,340	2,280

另外一种常用集装箱的大小是40英尺（大约12米）。参照下图，跟小汽车的大小进行对比，感受一下集装箱的实际大小。

图表7-3　不同尺寸的集装箱对比图

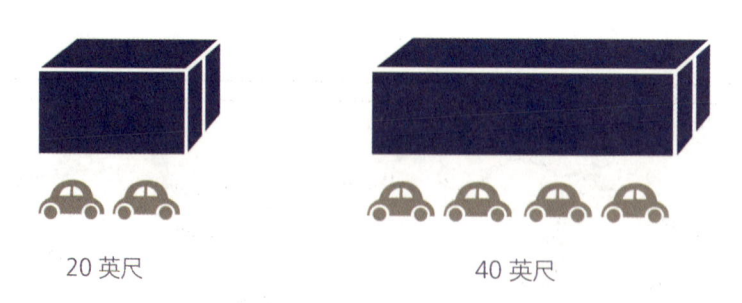

20 英尺　　　　40 英尺

4 读一读，说一说

下面是中国一家海运公司从中国出发到西班牙的海运航线图，起点是中国青岛港，每一个白色点代表航线上的一个停靠港。如果你是这家海运公司的负责人，请你看着航线图介绍一下这条航线的起点、终点、停靠港等信息，并试着在世界地图上大致画出这条航线。

图表7-4　中国至西班牙的海运航线

Qingdao　Busan　Shanghai　Ningbo　Singapore　Malta　Valencia　Barcelona

词语 二 🎧 7-5

1	转运	zhuǎnyùn	transport; transfer
2	直运	zhíyùn	drop shipment
3	直达	zhídá	go through; travel nonstop
4	船期	chuánqī	sailing date
5	离港	lígǎng	leave a harbor
6 P.94	提单	tídān	bill of lading (B/L)
7	签发	qiānfā	sign and issue (a document, certificate, etc)

离港

签发

对话 二 🎧 7-6

运输公司： 李经理，我们的报价您是否满意？

出口商： 价格我们可以接受，但是报价单上注明的"转运一次"是什么意思？没有直运的航线吗？

运输公司： 真对不起，目前还没有天津直达巴塞罗那的航线，都需要转运。

出口商： 那转运的话，你们能保证货物的安全吗？

运输公司： 您放心，我们的运输经验丰富，集装箱运输设备都是最先进的，一定能保证货物的安全。

出口商： 海运大概需要多久？

运输公司： 从天津港出发，选择上海港转运是最快的，只需要38天。

出口商： 下个月下旬有合适的船期吗？

运输公司： 我们每周日有船从天津港离港。下旬的话，您可以选择22号或者29号。

出口商： 那什么时候可以拿到正本提单呢？

运输公司： 一般离港后一个工作日内就会签发正式的提单了。

练习二

1 根据对话内容，回答下面的问题

1. "转运一次"指的是什么？
2. 如果转运的话，运输公司能保证货物的安全吗？为什么？
3. 从天津到巴塞罗那的海运时间一共多少天？
4. 下个月下旬有合适的船期吗？
5. 出口商什么时候可以拿到正本提单？

2 听一听，写一写 🎧 7-7

听对话，完成下面的填空。

航线 _____	是否转运 _____
装运港 _____	船期 _____
目的港 _____	停靠港 _____
海运时间 _____	

3 读一读，说一说

看一看下面这张海运公司的船期表，用学过的词语尽量多地介绍船期表上的信息。

图表7-5 中国至西班牙海运航线的船期表

港口	码头	预计到港	时间	预计离港	时间
Qingdao	Qingdao Qianwan Container Tml Co.	0	TUE	1	WED
Busan	Busan New Container Terminal	3	FRI	4	SAT
Shanghai	Shanghai Shengdong (I), Yangshan	5	SUN	6	MON
Ningbo	Second Container Terminal of Ningbo	7	TUE	8	WED
Singapore	Pasir Panjang Terminal	16	THU	17	FRI
Malta	Malta Freeport Terminal Ltd	32	SAT	33	SUN
Valencia	CSP Iberian Valencia Terminal, S.A.U.	35	TUE	36	WED
Barcelona	Tercat BEST	36	WED	38	FRI

第 7 课

货物运输

4 写一写，说一说

请根据课文中谈到的情况，替运输公司为北京爱家电子设备生产公司出口的货物填写海运提单，并说一说提单上注明了哪些内容。

图表7-6 北京爱家电子设备生产公司出口货物的海运提单

海运提单			
托运人：			提单号码：
收货人：由西班牙Santander银行指示			
通知人：			
船名：WUYAN26	装货港：		卸货港：
集装箱号或唛头	包装数量	货物描述	毛重（千克）	体积（立方米）
运费：运费预付		提单正本份数：三份	
			签发地点：
			签发时间：
			签发人签字：

贸易小组实践活动

请为你们自己准备的出口货物联系海运公司，进行国际海运洽谈。

要求：

1. 两人一组，一人代表本国的出口公司（要运输的货物已经包装完成），一人代表你自己找到的一家海运公司（请查看该公司官网，找到航线图、船期表等资料）。
2. 贸易文件：海运公司准备提单。
3. 洽谈内容必须包括：航线、船期、海运时间、运费、运输设备、直运还是转运等。

贸易知识小结

↳ **贸易知识**

集装箱（container）：是一种在国际运输中用得越来越多的运输设备。我们介绍了整箱〔full container load (FCL)〕和拼箱〔less than container load (LCL)〕的装货需求。在练习一中，还介绍了常见集装箱的规格。

航线（shipping line）：指的是海运时，船从哪个港口出发、运输到哪个港口、运输过程中停靠在哪些港口等路线信息。

船期（sailing date）：指的是哪天有船、什么时候到港、什么时候离港等时间信息。

运费（freight）：是运输公司提供运输服务的费用。运费可以按货物的重量计算，也可以按体积计算，但是运输公司会从高计费。

↳ **贸易有关文件**

提单〔bill of lading (B/L)〕：一般是运输公司签发给货物托运人的文件，证明运输公司已经收到了货物并且会提供运输服务。提单还有一个重要作用，就是在货物运到目的港以后，运输公司只把货物交给手里有提单的人，所以提单既是运输合同，又是收货证明。比如，如果进口商没有完成付款，那么出口商就不给进口商提单。这样即使货物到了进口国的港口，进口商也没有办法拿到货物，因为他们手里没有提单。

补充词语

1	英尺	yīngchǐ	foot
2	容积	róngjī	volume
3	载重量	zàizhòngliàng	(of a ship, etc) loading capacity
4	起点	qǐdiǎn	starting point
5	停靠港	tíngkàogǎng	port of call
6	码头	mǎtóu	dock; wharf
7	到港	dào gǎng	reach a harbor or port
8	托运人	tuōyùnrén	consignor
9	通知人	tōngzhīrén	notify party
10	装货港	zhuānghuògǎng	loading port
11	卸货港	xièhuògǎng	port of discharge

参考网站及资料

- 杨静. 国际商务单证双语教程（第三版）[M]. 大连：东北财经大学出版社，2019.
- 杨占林. 国际货运代理实务精讲（第二版）[M]. 北京：中国海关出版社，2016.

学习心得

➢ 如果你是进口商，学完第7课后，你学到了哪些与工作相关的表达？你觉得哪些表达应该记下来？请记录在下面。

_____

_____

_____

➢ 如果你是出口商，学完第7课后，你学到了哪些与工作相关的表达？你觉得哪些表达应该记下来？请记录在下面。

_____

_____

_____

➢ 关于"货物运输"的工作，你还有什么收获？请记录在下面。

_____

_____

_____

第 8 课　海运保险

工作热身

在国际贸易中，货物的海运时间一般比较长。如果你是进口商或出口商，你担心货物在海运的过程中遇到危险吗？你最担心哪些情况？如果货物在海运时发生了危险，怎么能让自己的损失降低到最小？请你想一想，说一说：

1. 货物在海运的时候可能遇到哪些风险？
2. 我们有什么办法减少自己的损失？
3. 保险公司有什么作用？

词语一

1	基本	jīběn	basically
2	P.101 装船通知	zhuāngchuán tōngzhī	shipping advice
3	投保	tóubǎo	insure; cover
4	P.103 投保单	tóubǎodān	insurance slip
5	仓至仓条款	cāng zhì cāng tiáokuǎn	warehouse to warehouse clause; W/W Clause
6	承保	chéngbǎo	accept insurance
7	险别	xiǎnbié	coverage
8	惯例	guànlì	convention
9	一切险	yíqièxiǎn	all risks (AR)
10	战争险	zhànzhēngxiǎn	war risk
11	罢工险	bàgōngxiǎn	strikes risk
12	赔偿	péicháng	compensate
13	损失	sǔnshī	lose; damage

对话一

出口商： 丽莎女士，我们这批货的运输手续基本办好了，发运后我方会及时给您发装船通知。

进口商： 好的，李经理。那投保手续办得怎么样了？

出口商： 我们刚联系过保险公司，填完了投保单。您放心，在货物进入码头、准备装船之前办理就来得及。

进口商：那保险从什么时候开始负责呢？

出口商：保险公司是按照仓至仓条款承保的，也就是说，保险负责的时间是从卖方仓库到买方仓库这段时间。

进口商：你们投保的是什么险别？

出口商：按照公司的惯例，我们CIF的报价是以投保一切险为基础计算的。

进口商：那一切险包括战争险和罢工险这类的保险吗？

出口商：不包括在内。如果贵方需要投保的话，保险费需要另付。

进口商：哦，那我们再考虑考虑。请问一切险负责赔偿哪些损失？

出口商：哎呀，这么专业的问题您可难倒我了。我向保险公司确认一下，然后再回复您吧。

练习 一

1 根据对话内容，回答下面的问题

1. 货物发运后，出口商会给进口商发什么文件？
2. 海运货物需要在什么时候办理投保手续？
3. 保险是按照什么条款承保的？
4. 出口商计划投保哪个险别？
5. 一切险包括战争险和罢工险吗？

2 写一写，说一说

在货物发运后，出口商会给进口商发装船通知。请你根据课文内容，代表北京爱家电子设备生产公司完成下面的装船通知（课文中没有提到的内容须自拟），并说一说装船通知写了哪些内容。

图表8-1　北京爱家电子设备生产公司出口货物的装船通知

装 船 通 知

日期：

西班牙ABC家居用品公司

先生/女士：

我们很高兴地通知您下列货物已经装船了。详细信息如下：

发票号码：

合同号码：

信用证号码：

提单号码：

船名：

装运港：

装货时间：

目的港：

预计到港时间：

货物情况：

货物包装情况：

唛头：

北京爱家电子设备生产公司

李晓光

3 听一听，写一写，说一说 🎧 8-3

风险，指可能发生的危险。国际贸易的货物在海运过程中，因为路程遥远、运输时间长，所以风险比较大。那么，货物在海运时可能遇到哪些风险呢？请听录音，说一说以下图片代表的是哪种风险，并将对应的风险写在横线上。

保险业把海上货物运输的风险分为海上风险和外来风险。

（1）海上风险

海上风险是指海上发生的自然灾害和意外事故。

① 自然灾害：仅指恶劣气候（大风浪）、雷电、地震、海啸、火山爆发等人力不可抗拒的灾害。

_____   _____   _____

② 意外事故：主要包括船舶沉没、碰撞、触礁、搁浅、火灾以及爆炸等具有明显海洋特征的重大事故。

_____   _____   _____   _____

（2）外来风险

外来风险是指除海上风险以外的各种风险，分为一般外来风险和特殊外来风险。

③ 一般外来风险：指偷窃、破碎、渗漏、沾污、受潮受热、串味、锈损、钩损、短量、淡水雨淋等。

_____   _____   _____   _____

④ 特殊外来风险：主要指由于军事、政治等特殊原因造成的风险，常见的特殊外来风险有战争、罢工、关税等。

4 写一写，说一说

下面是北京爱家电子设备生产公司为出口货物投保时填写的投保单。请将投保单上的内容补充完整，并说一说投保单上注明了哪些内容。

图表8-2 北京爱家电子设备生产公司出口货物的投保单

泰中保险公司
进出口货物运输保险投保单

被保险人：

发票号码或合同号码	包装数量	保险货物	保险金额

装载运输工具：_____　　开航日期：_____

自_____至_____，转运地_____

投保险别：按发票金额的110%投保一切险。

备注：

投保人签名：

投保日期：

第 8 课

103

海运保险

词语 二

1	平安险	píng'ānxiǎn	free of particular average (FPA)
2	水渍险	shuǐzìxiǎn	with particular average (WPA)
3	造成	zàochéng	create; cause
4	相当于	xiāngdāng yú	be equal to
5	一般附加险	yìbān fùjiāxiǎn	general additional risk
6	特殊附加险	tèshū fùjiāxiǎn	special additional risk
7	附加险	fùjiāxiǎn	additional risk
8	单独	dāndú	individually
9	基本险	jīběnxiǎn	basic insurance
10	保险单	bǎoxiǎndān	certificate of insurance
11	如实	rúshí	truthfully

对话 二

出口商
Lǐ Xiǎoguāng
李 晓光
中国北京爱家电子设备生产公司
海外销售部经理

保险公司
Zhāng Hào
张 昊
中国北京泰中保险公司
市场部经理

出口商： 张经理，您好，我想向您请教一下关于保险的专业知识。

保险公司：李经理，别客气，您请讲。

出口商：请问保险公司针对海运货物的保险有哪些险别？

保险公司：针对海上风险，我们公司有两种最基本的险别：平安险和水渍险。

出口商：那这两种险别有什么不同呢？

保险公司：责任范围有些区别。平安险负责赔偿货物在运输途中由于自然灾害造成的全部损失，以及由于意外事故造成的全部或部分损失；水渍险的责任范围除了包括平安险的责任外，还负责赔偿由于自然灾害造成的部分损失。

出口商：那一切险是怎么回事？

保险公司：一切险除了包括水渍险的责任外，还负责赔偿由一般外来风险造成的全部或部分损失。

出口商：哦，也就是说投保了一切险就相当于投保了水渍险加上一般附加险？

保险公司：是这样的。像一般附加险、特殊附加险这样的附加险是不能单独投保的，必须要先投保平安险或水渍险这样的基本险。

出口商：那附加险都有哪些险别？

保险公司：附加险里包括很多小的险别，我把介绍给您发过去，您可以先了解一下。

出口商：那太感谢了，我们什么时候能拿到保险单呢？

保险公司： 如实填写投保单、付过保险费后就可以拿到保险单了。

出口商： 保险的问题以后就麻烦您了。

练习 二

1. 根据对话内容，回答下面的问题

1. 海运货物保险最基本的险别有哪几个？
2. 平安险的承保范围包括什么？
3. 水渍险的承保范围包括什么？
4. 一切险的承保范围包括什么？
5. 附加险有哪些险别？
6. 附加险可以单独投保吗？

2. 听一听，写一写，说一说 🎧 8-6

保险公司是怎么介绍保险的险别的？请听录音，完成下面的填空，再说一说其他险别的责任范围。

水渍险_____货物在运输途中_____自然灾害和意外事故_____全部或部分_____。

一般附加险_____货物在运输途中由于_____造成的_____损失。

3. 写一写，说一说

如果你是货物的投保人，你打算为下面不同的货物分别投保什么险别？你在投保时，除了考虑货物自身的特点外，还会考虑哪些条件？说一说你会怎么选择。（可以参考第4题中的险别。）

需要投保的货物	投保的险别
① 陶瓷茶具　② 羊毛衫　③ 茶叶	

第 8 课

107

海运保险

4 听一听，读一读 🎧 8-7

下面的图表介绍了中国保险条款（China insurance clause, CIC）中有关海运货物保险的险别。请听录音，熟悉各种险别的名称，然后对照练习一中关于海运风险的介绍，看看这些险别分别负责由哪些风险造成的损失。

图表8-3 海运货物保险的险别

分类	险别	英文名称
基本险	平安险	Free of Particular Average (FPA)
	水渍险	With Particular Average (WPA)
	一切险	All Risks (AR)
附加险 — 一般附加险	1 偷窃提货不着险	Theft, Pilferage and Non-delivery Risk
	2 淡水雨淋险	Fresh Water and Rain Damage Risk
	3 短量险	Shortage Risk
	4 渗漏险	Leakage Risk
	5 混杂、沾污险	Intermixture and Contamination Risk
	6 碰损、破碎险	Clash and Breakage Risk
	7 串味险	Taint of Odor Risk
	8 受潮受热险	Sweat and Heating Risk
	9 钩损险	Hook Damage Risk
	10 包装破裂险	Breakage of Packing Risk
	11 锈损险	Rust Risk
附加险 — 特殊附加险	1 交货不到险	Failure to Deliver Risk
	2 进口关税险	Import Duty Risk
	3 舱面险	On Deck Risk
	4 拒收险	Rejection Risk
	5 黄曲霉毒素险	Aflatoxin Risk
	6 卖方利益险	Seller's Contingent Risk
	7 出口货物到香港（包括九龙在内）或澳门存仓火险责任扩展条款	Fire Risk Extension Clause for Storage of Cargo at Destination Hong Kong, Including Kowloon, or Macao
	8 战争险	War Risk
	9 罢工险	Strikes Risk

贸易小组实践活动

请为你们自己准备的出口货物联系保险公司，为货物投保合适的海运保险。

要求：

1. 两人一组，一人代表本国的出口公司或进口公司，一人代表保险公司。
2. 贸易文件：保险公司负责准备空白的投保单，投保人负责填写投保单。
3. 洽谈内容必须包括：货物的特点、海运航线的特点、货物海运时可能遇到的风险、海运货物保险的险别、仓至仓条款和保险单。

提示：谁买保险呢？要看你们交易的贸易术语是FOB还是CIF。

贸易知识小结

贸易知识

海运货物保险（marine insurance）：在中国，进出口货物海上运输最常用的保险条款是中国保险条款（China insurance clause, CIC），它是由中国人民保险公司（The People's Insurance Company of China, PICC）根据国际惯例制定的。具体的险别介绍参照练习二的第4题。

仓至仓条款（warehouse to warehouse clause, W/W Clause）：规定了保险责任从开始到结束的时间，也就是说，保险公司的保险责任从货物离开起运地的仓库开始，到货物到达目的地收货人的仓库结束。

贸易有关文件

装船通知（shipping advice）：是货物装船后，出口商制作并发给进口商的文件，说明了货物装船的详细信息。装船通知的目的是通知进口商货物已经装船，可以准备接下来的工作了，如付款、提货等。

投保单（insurance slip）：是投保人填写的文件，用于告诉保险公司被保险货物的详细信息。它只是投保的申请，填过投保单并不意味着保险公司一定会同意。

保险单（certificate of insurance）：是投保人填写了投保单、付了保险费，保险公司同意后签发的正式保险合同。货物受到损失后，保险公司会根据保险单进行赔偿。

补充词语

1	自然灾害	zìrán zāihài	natural disaster
2	意外事故	yìwài shìgù	accident
3	恶劣气候	èliè qìhòu	harsh climate
4	大风浪	dà fēnglàng	heavy storm
5	地震	dìzhèn	earthquake
6	海啸	hǎixiào	tsunami
7	火山爆发	huǒshān bàofā	volcanic eruption
8	不可抗拒	bù kě kàngjù	inexorable; irresistible
9	船舶	chuánbó	shipping; boats and ships
10	沉没	chénmò	sink
11	碰撞	pèngzhuàng	collide
12	触礁	chùjiāo	run against rocks
13	搁浅	gēqiǎn	be grounded
14	火灾	huǒzāi	fire (as a disaster)
15	爆炸	bàozhà	blow up
16	偷窃	tōuqiè	steal; pilfer
17	破碎	pòsuì	be broken
18	渗漏	shènlòu	seep; percolate
19	沾污	zhānwū	make dirty
20	受潮	shòucháo	be affected with damp
21	受热	shòurè	be heated
22	串味	chuànwèi	become tainted in flavor
23	锈损	xiùsǔn	rust damage
24	钩损	gōusǔn	hook damage
25	短量	duǎnliàng	shortage
26	淡水雨淋	dànshuǐ yǔlín	fresh water and rain damage
27	军事	jūnshì	military affairs
28	政治	zhèngzhì	politics
29	关税	guānshuì	tariff (duty)
30	被保险人	bèi bǎoxiǎn rén	the insured

参考网站及资料

- 田运银. 国际贸易实务精讲（第六版）[M]. 北京：中国海关出版社，2014.
- 杨静. 国际商务单证双语教程（第三版）[M]. 大连：东北财经大学出版社，2019.
- 杨占林. 国际货运代理实务精讲（第二版）[M]. 北京：中国海关出版社，2016.

学习心得

↘ 如果你是进口商，学完第8课后，你学到了哪些与工作相关的表达？你觉得哪些表达应该记下来？请记录在下面。

_____
_____
_____

↘ 如果你是出口商，学完第8课后，你学到了哪些与工作相关的表达？你觉得哪些表达应该记下来？请记录在下面。

_____
_____
_____

↘ 关于"海运保险"的工作，你还有什么收获？请记录在下面。

_____
_____
_____

第9课 报关报检

工作热身

假设你是进口商,进口的货物马上就要运到目的港了。为了使货物顺利在你们国家的市场上销售,你现在需要做什么工作?请你想一想,说一说:

1. 国外的货物要在你的国家销售,你要向自己的国家申请货物进口吗?
2. 你的国家对货物进口有什么要求?要办什么手续?怎么办理?
3. 你知道进口货物到中国需要办理哪些手续吗?

词语一 9-1

1	报关员	bàoguānyuán	customs agent; declarant
2	报关	bàoguān	declare (at customs)
3	委托	wěituō	entrust (sb with sth)
4	报关行	bàoguānháng	customs agency
5	代理	dàilǐ	act for
6	规模	guīmó	scale
7	报关单	bàoguāndān	customs declaration
8	进口许可证	jìnkǒu xǔkězhèng	import licence
9	有关单证	yǒuguān dānzhèng	related document
10	审核单据	shěnhé dānjù	check document
11	查验	cháyàn	check
12	征收	zhēngshōu	levy; collect
13	税款	shuìkuǎn	tax payment
14	放行	fàngxíng	customs clearance
15	缴纳	jiǎonà	pay
16	增值税	zēngzhíshuì	value-added tax (VAT)
17	税率	shuìlǜ	tax ratio
18	最惠国税率	zuìhuìguó shuìlǜ	most-favored-nation rate
19	协定税率	xiédìng shuìlǜ	conventional tariff
20	税款缴款书	shuìkuǎn jiǎokuǎnshū	letter of payment of duties
21	滞纳	zhìnà	put off paying (fees, taxes, etc)
22	滞纳金	zhìnàjīn	fine for delayed payment

第 9 课

113

报关报检

审核单据 查验 放行

对话一

出口商1
Lǐ Xiǎoguāng
李 晓光
中国北京爱家电子设备生产公司
海外销售部经理

出口商2
Zhào Wénhuì
赵 文慧
中国北京爱家电子设备生产公司
报关员

出口商1：小赵，你是我们公司的报关员。我想问一下，我们出口到西班牙的那批音箱，由谁来负责进口报关呢？

出口商2：李经理，货物进口报关是由进口商负责的，也就是说西班牙方面会处理。一般进口商都会委托报关行代理报关，除非像我们这样规模很大的公司才有自己的报关员。

出口商1：那如果是进口到中国的货物呢？进口报关应该怎么做？需要哪些文件？

出口商2：首先要填写报关单，然后附上合同、发票、提单、装箱单、进口许可证等有关单证。

出口商1：只要申请就可以了吗？

出口商2：一般只要如实申请，海关都会接受，然后他们会开始审核单据，查验货物，征收税款。如果海关认为进口的货物符合国家的相关规定，只要签名盖章就可以放行了。

出口商1：要缴纳哪些税款呢？

出口商2： 进口到中国的货物需要缴纳关税和增值税。

出口商1： 税率是怎么计算的？

出口商2： 目前我国增值税的税率一般为13%，但是农产品、图书等一小部分商品的税率为9%。关税要复杂一些，关税的税率由产品的种类和国家间的贸易关系决定，如普通税率、最惠国税率、协定税率等，都不一样。一会儿我把海关的税率查询网址发给您，您感兴趣的话可以搜一搜。

出口商1： 那太好了，我正想多了解一下。那应该什么时候缴纳税款呢？

出口商2： 从海关签发税款缴款书之日起，15日内缴纳税款。超出规定时间的，从滞纳税款之日起，按日加收万分之五的滞纳金。

出口商1： 报关的事情太复杂了，以后再多向你请教。

出口商2： 李经理，您太客气了，这是我应该做的。

练习一

1 根据对话内容，回答下面的问题

1. 对话的两个人是什么关系？
2. 货物进口报关由谁来负责？
3. 进口到中国的货物，报关时需要什么文件？
4. 海关一般如何处理货物报关？
5. 进口到中国的货物，要缴纳哪几种税款？
6. 增值税的税率为多少？
7. 关税的税率为多少？
8. 应该什么时候缴纳税款？没有按时缴纳税款会怎么样？

2 听一听，读一读 🎧 9-3

录音中以"鲜苹果"这种货物为例，介绍了怎么在中国海关官网上查询进口到中国的货物应该缴纳的税款和税率。请对照下面的步骤截图，边听边理解。

> 提示：请登录中华人民共和国海关总署的互联网+海关主页：http://online.customs.gov.cn

1. 在"我要查"项目下点击"税率查询"。

我要查					更多
通关流转状态	舱单信息	舱单通关状态	电子税单	知识产权备案	通关参数
重点商品查询	税率查询	企业信息公示	归类决定裁定	进出口税则查询	化验标准与方法
税则商品及品目注释查询	本国子目注释查询	进出境邮包查询	联网原产地证书状态查询	海关法规	监管事项目录清单

2. 在"商品名称"项目下，输入"鲜苹果"，点击"查询"，显示的是关税的税率。

税号	商品名称	进口最惠国税率	进口普通税率	进口暂定税率	操作
0808100000	鲜苹果	10%	100%		更多税率

3. 点击上图中的"更多税率"，可查询增值税税率、协定税率等更多的税率情况。

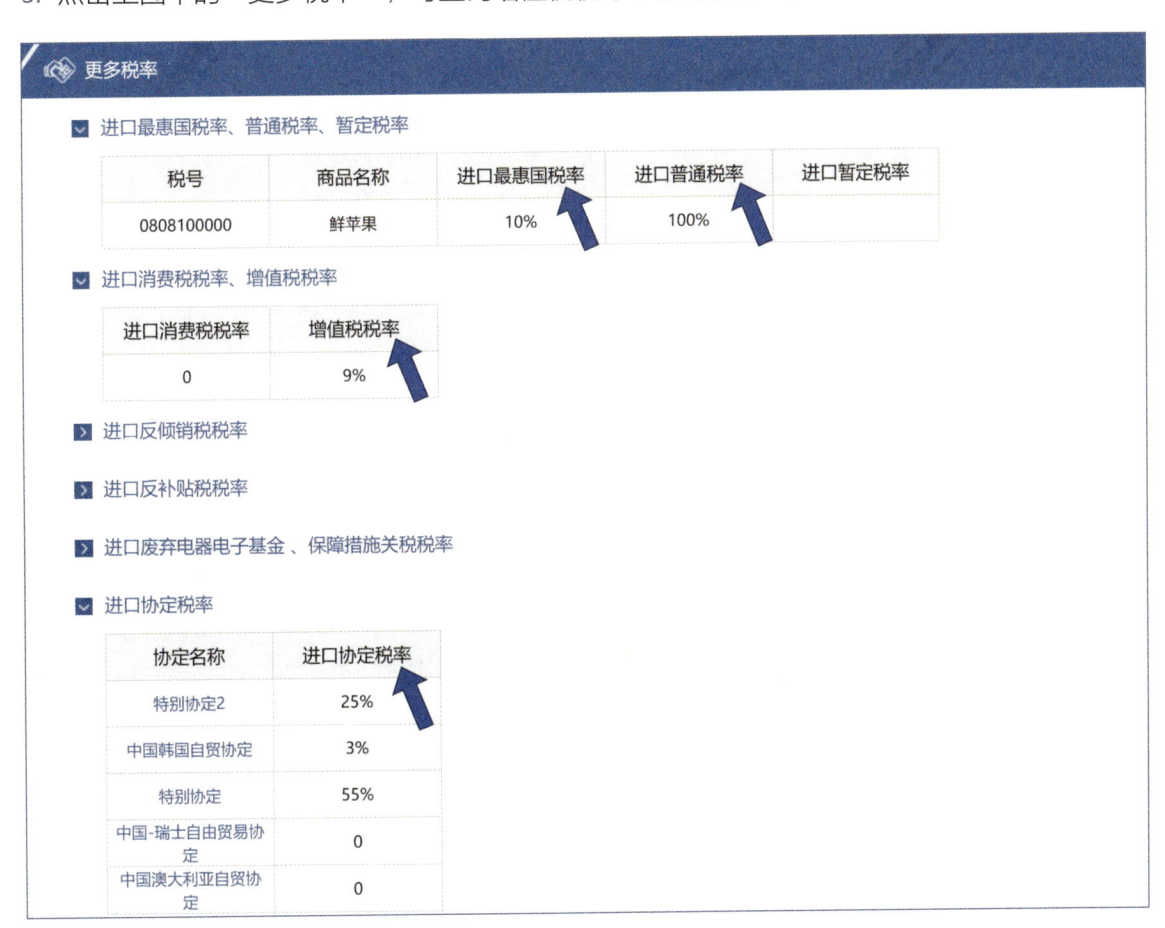

进口最惠国税率、普通税率、暂定税率

税号	商品名称	进口最惠国税率	进口普通税率	进口暂定税率
0808100000	鲜苹果	10%	100%	

进口消费税税率、增值税税率

进口消费税税率	增值税税率
0	9%

▶ 进口反倾销税税率

▶ 进口反补贴税税率

▶ 进口废弃电器电子基金、保障措施关税税率

进口协定税率

协定名称	进口协定税率
特别协定2	25%
中国韩国自贸协定	3%
特别协定	55%
中国-瑞士自由贸易协定	0
中国澳大利亚自贸协定	0

3 读一读，写一写，说一说

上题介绍了怎么查询进口到中国的产品的税率。现在请登录中国海关官网，查询下面几种产品进口到中国需要缴纳哪些税款、税率是多少。先填写在下面的横线上，然后说一说。

第 9 课

117

报关报检

进口商品名称	① 笔记本	② 巧克力	③ 初榨油橄榄油
税种	_____	_____	_____
税率	_____	_____	_____

如果上面这些产品进口到你的国家，需要缴纳哪些税款？税率分别是多少？请登录你的国家的海关网站查一查，记录在下面，然后跟同学们介绍一下。

4 写一写，说一说

如果你是中国海关的工作人员，请回答关于进口到中国的货物报关的问题。先完成下面的填空，然后说一说。

1. 问题：进口到中国的货物报关时，需要交给海关哪些文件？
   回答：首先要填写_____，然后附上_____进口许可证等有关单证。

2. 问题：海关一般是怎么处理报关业务的？
   回答：一般只要如实申请，海关都会_____，然后海关人员开始_____，_____，_____。如果海关认为货物符合_____，只要_____就可以_____了。

3. 问题：进口到中国的货物需要缴纳哪些税款？
   回答：一般需要缴纳_____和_____。

4. 问题：应该在什么时候缴纳税款呢？
   回答：从海关_____起15日内_____。

词语二 🎧 9-4

1	报检	bàojiǎn	declare for inspection and quarantine
2	检验	jiǎnyàn	test; examine
3	检疫	jiǎnyì	quarantine
4	出入境	chū-rùjìng	entry-exit
5	机构	jīgòu	organization; institution
6	实施	shíshī	put into effect
7	进出境	jìn-chūjìng	import-export
8	法定检验	fǎdìng jiǎnyàn	vidimus; legal inspection
9	抽检	chōujiǎn	spot-check

检验

检疫

对话二 🎧 9-5

出口商1：小赵，我还想向你请教一下进口货物报检的问题。

出口商2：李经理，您请讲。

出口商1：进口到中国的货物什么时候报检呢？

出口商2：进口到中国的货物，从2018年8月1日起就不需要单独报检了。填写报关单报关的时候，也就同时报检了。

出口商1：哦，那现在哪个部门负责进口货物的检验检疫呢？

出口商2：现在都由海关负责，海关下面设有出入境检验检疫机构。

出口商1：原来是这样。那所有的进口货物都需要检验吗？

出口商2：不是的，只有列在《出入境检验检疫机构实施检验检疫的进出境商品目录》（简称《法检目录》）里的才是要求法定检验的，如食品、玩具等。

出口商1：那没有列在《法检目录》里的呢？

出口商2：其他没有列在目录里的货物，就不是国家要求必须检验的，会进行抽检。

出口商1：明白了，谢谢！

练习二

1. 根据对话内容，回答下面的问题

1. 进口到中国的货物什么时候报检？向哪个部门报检？
2. 所有的进口货物都需要检验吗？
3. 对于不是国家要求法定检验的货物，还会检验吗？

2. 听一听，写一写 🎧 9-6

听录音，选一选。下面哪些货物是列在中国《出入境检验检疫机构实施检验检疫的进出境商品目录》里必须接受法定检验的？

☐ 睡衣　　☐ 牛肉　　☐ 图书

☐ 橡皮　　☐ 香水　　☐ 玩具

3. 写一写，说一说

如果你是中国海关的工作人员，请回答关于进口到中国的货物报检的问题。先完成下面的填空，然后说一说。

1. 问题：不知道我们的货物是不是一定需要检验检疫？

   回答：这要看你们的货物是不是列在《_____实施检验检疫的进出境_____》里。如果列在上面，就是必须检验的，其他的货物会进行_____。

2. 问题：我们应该向哪个部门报检？

   回答：_____。

4. 读一读，说一说

你的国家对于进口货物的检验检疫有哪些规定？请查一查你的国家相关部门的网站，然后介绍给大家。

第 9 课　　121　　报关报检

贸易小组实践活动

假设中国的进口商正在向中国海关咨询货物进口到中国时报关报检的事项。

要求：

1. 两人一组，一人代表中国的进口公司，一人代表中国海关人员。
2. 对话内容必须包括：中国对进口货物报关报检的有关规定，如税率、报关文件、报检要求等。

贸易知识小结

贸易知识

海关（customs）：国家行政机关，负责对进出境人员、货物、运输工具、行李物品、邮件等进行监督管理。

报关[declare (at customs)]：是指进出口货物装船发运前向海关进行申报。

报检（declare for inspection and quarantine）：是指为进出境货物向检验检疫机构申请办理检验检疫手续。

出入境检验检疫（entry-exit inspection and quarantine）：这项工作在国际贸易中十分重要，直接影响到一国社会的公共利益和安全，关系到人的生命安全和动植物的健康。

中国海关对于进口货物报关报检的规定：自2018年8月1日起，报关报检不再分开申报，一次申报就可以。关于缴纳的税款、税率、缴纳时间、检验范围等规定参考课文内容。

贸易有关文件

报关单（customs declaration）：由海关统一制作，报关时需要由专业人员如实填写上面的内容。报关单是为了便于海关监管货物进出口活动的。

补充词语

1	初榨油橄榄油	chū zhà yóu gǎnlǎnyóu	virgin olive oil
2	税种	shuìzhǒng	items of taxation

| 3 | 统一 | tǒngyī | unified |
| 4 | 监管 | jiānguǎn | supervise |

参考网站及资料

- 中华人民共和国海关总署 http://www.customs.gov.cn
- 中华人民共和国海关总署互联网+海关 http://online.customs.gov.cn
- 杨占林. 国际货运代理实务精讲（第二版）[M]. 北京：中国海关出版社，2016.

学习心得

▸ 如果你是进口商，学完第9课后，你学到了哪些与工作相关的表达？你觉得哪些表达应该记下来？请记录在下面。

▸ 如果你是出口商，学完第9课后，你学到了哪些与工作相关的表达？你觉得哪些表达应该记下来？请记录在下面。

▸ 关于"报关报检"的工作，你还有什么收获？请记录在下面。

第 10 课 受损索赔

工作热身

如果你是进口商，在进口国港口卸货的时候，发现有的货物损坏了，应该怎么办？请你想一想，说一说：

1. 怎么证明货物损坏的情况？
2. 可能是哪些原因造成了货物损坏？
3. 货物受损，应该找谁赔偿？

词语一 10-1

1	卸货港	xièhuògǎng	port of discharge
2	受损	shòusǔn	be damaged
3	破损	pòsǔn	broken or damaged
4	足量	zúliàng	sufficiency
5	遗失	yíshī	lose
6	索赔	suǒpéi	claim compensation against
7	报损	bàosǔn	report loss
8	海事报告	hǎishì bàogào	maritime report
9	推脱	tuītuō	evade; dodge
10	检验报告	jiǎnyàn bàogào	survey report
11	保持	bǎochí	keep; maintain

卸货港　　　　　　受损　　　　　　破损

第 10 课

125

受损索赔

对话一

进口商：李经理，我有一个坏消息要告诉您。

出口商：啊？怎么了？您请讲。

进口商：我们这批货在卸货港开箱检查时发现有两个包装箱受损，其中一个包装箱破损严重，里面还缺少了两件产品。

出口商：是吗？没想到会出现这样的问题。我们在包装的时候货物应该都是足量的。

进口商：出现这样的问题是我们双方都不希望看到的，我们联系你们也是希望尽快弄清楚货物受损、遗失的原因，确定是哪方的责任，好提出索赔。

出口商：您看，货物受损是否跟这次在运输途中遇到的海上大风浪有关？如果是这样的话，保险公司会负责赔偿损失。

进口商：我们已经向保险公司报损并通知检验了，不过也要等拿到海事报告才能确定。但如果是由于包装问题或数量不足造成的损失，则应该由卖方负责。

出口商：这一点我们很清楚。如果是我方的责任，我方一定不会推脱的，请您放心。

进口商：好的，过几天就会拿到检验报告等材料，到时候再跟您联系。

出口商：好的，我们保持联系。

练习一

1. 根据对话内容，回答下面的问题

1. 发生了什么事？
2. 怎么能确定发生了海上大风浪？
3. 如果是由于海上大风浪造成的损失，应该向谁提出索赔？
4. 如果是由于包装问题造成的损失，应该向谁提出索赔？
5. 提出索赔的时候需要什么文件？
6. 出口商的态度好不好？他是怎么说的？

2. 听一听，写一写 🎧 10-3

下面不同的货物分别受到了哪些损失？请听录音，连线。

货物	货损货差的情况
 大米	包装箱受到压损
 投影仪	遗失了一个包装箱
 真丝衬衫	货物受潮发霉

第 10 课

127

受损索赔

3 写一写，说一说

用比较正式的词语改写下面货物受损的情况，然后说一说。

口语说法	书面语说法
① 丢了一个，坏了两个。	_____
② 少了三个。	_____
③ 有一个包装箱破了。	_____
④ 有一个包装箱被压坏了。	_____

4 写一写，说一说

货物受损的原因不同，负责的人也不同。请根据下面货物受损的原因，分析是哪方的责任。你还能想到哪些可能的受损原因？请写在下面的横线上，然后说一说。

受损的原因	谁的责任
① 码头装运工人的疏忽	_____
② 集装箱内货物堆放不合理	_____
③ 产品质量不达标	_____
④ 自然灾害	_____
_____	_____
_____	_____

词语 二 🎧 10-4

1	出具	chūjù	produce; write out
2	货损货差证明	huòsǔn huòchā zhèngmíng	certificate of loss or damage
3	显示	xiǎnshì	show; demonstrate
4	质量缺陷	zhìliàng quēxiàn	quality defect
5	检测	jiǎncè	test; examine
6	遭受	zāoshòu	suffer
7	但愿如此	dànyuàn rúcǐ	I hope so

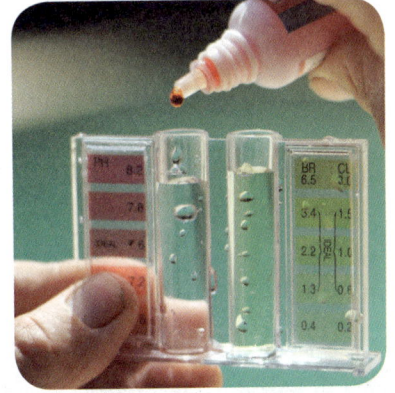

检测

对话 二 🎧 10-5

进口商：李经理，您好。我们已经拿到了海事报告、检验报告和卸货港出具的货损货差证明，刚刚给您发了电子版的。

出口商： 好，我马上看。情况如何？

进口商： 海事报告显示我们确实遇到了海上大风浪，但是检验报告也显示包装箱存在质量缺陷。

出口商： 哦？我们的货物在出口时也检验过，有出口检验证明，包装箱不应该存在问题啊。另外，我们的货物在装箱时肯定都是足量的，您看有没有可能是被偷了？

进口商： 我们不是专业人士，很难判断。保险公司会进行调查的。

出口商： 嗯，我方也会跟包装公司再联系，对我们这次的运输包装再做检测。

进口商： 谢谢您的配合。

出口商： 这是我们应该做的，我们也不希望看到贵方遭受损失。希望你们能尽快得到赔偿。

进口商： 但愿如此。

练习二

1. 根据对话内容，回答下面的问题

1. 进口商拿到了哪些索赔时需要的文件？
2. 这些文件说明了哪些问题？
3. 出口商会配合进口商做什么调查？

2. 听一听，写一写 🎧 10-6

索赔时必须提供相应的文件。请听录音，把需要的索赔文件记录在下面。

① _____ ② _____

③ _____ ④ _____

⑤ _____ ⑥ _____

⑦ _____ ⑧ _____

3. 写一写，说一说

请根据对话中提供的信息，总结货物受损的原因，分析每种受损原因可能是谁的责任、应该向谁提出索赔，并写在下面，然后说一说为什么。

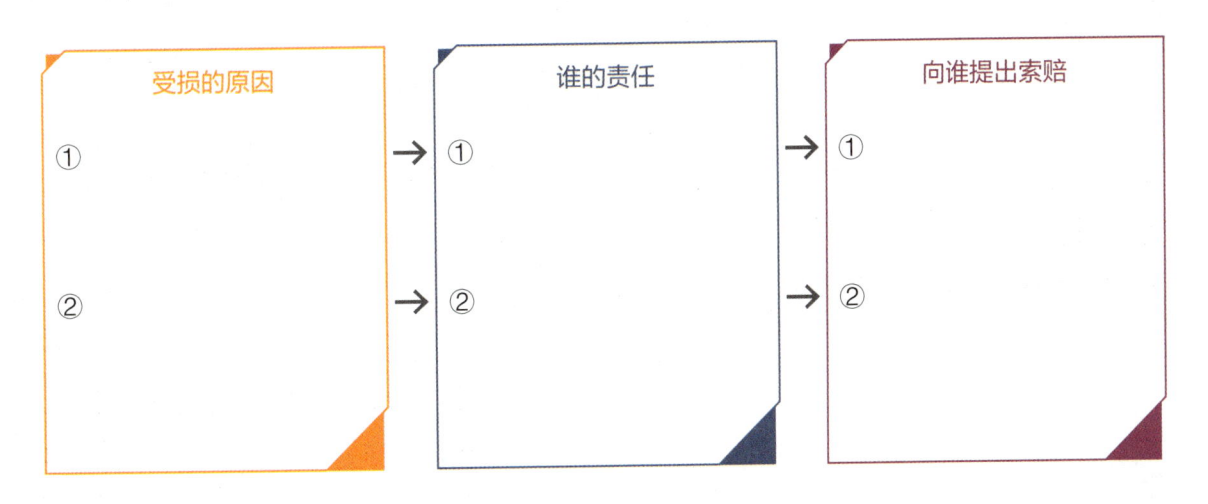

受损的原因	谁的责任	向谁提出索赔
①	→ ①	→ ①
②	→ ②	→ ②

4 写一写，说一说

设想一下你出口的货物可能会遭受哪些损失。分析受损的原因、是谁的责任、应该向谁提出索赔。请写出三种，并说一说你的理由。

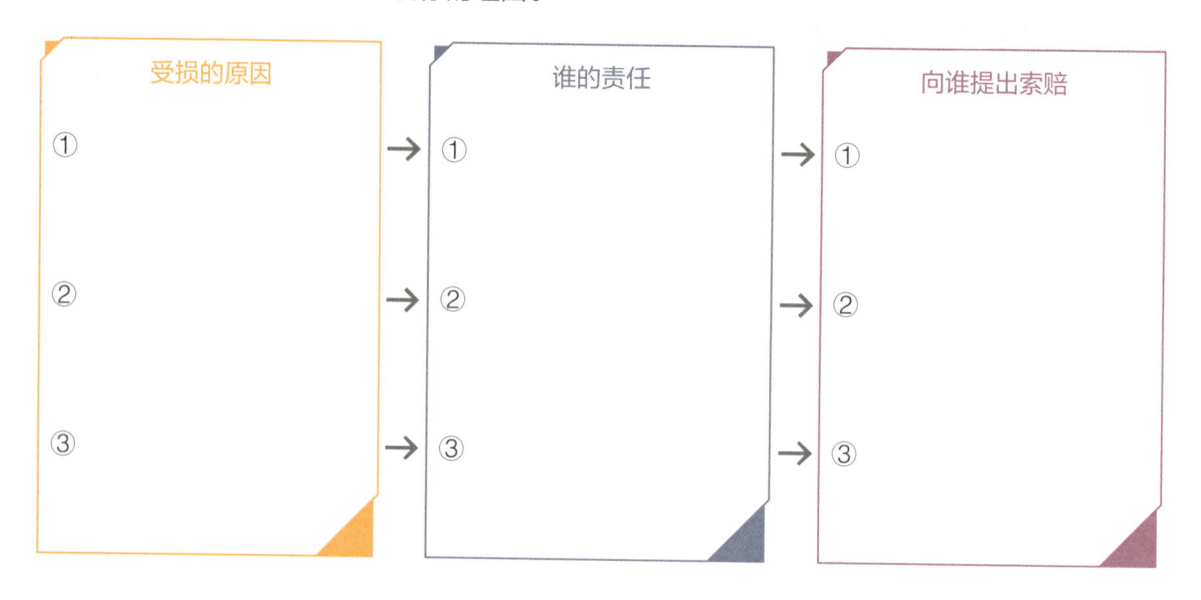

受损的原因	谁的责任	向谁提出索赔
①	→ ①	→ ①
②	→ ②	→ ②
③	→ ③	→ ③

贸易小组实践活动

假设你是中国的进口商，在卸货港卸货时，发现货物有受损的情况，请你联系出口商进行索赔洽谈。

要求：

1. 两人一组，一人代表中国的进口公司，一人代表本国的出口公司。
2. 洽谈内容必须包括：货损货差的情况、货损原因的分析、责任人的分析和索赔需要的文件等。

贸易知识小结

贸易知识

索赔（claim compensation against）：就是要求赔偿，买方对货损货差提出索赔的情况比较常见。货损货差的原因常常比较复杂，有的是因为卖方的原因造成的，有的是因为运输公司的原因造成的，还有的在保险公司的承保范围内。这就要求索赔人把货损的情况和责任弄清楚，并拿出有说服力的证据（如货损货差证明、海事报告和检验报告等）。

贸易有关文件

货损货差证明（certificate of loss or damage）：是由港口或码头等有关方面出具的货物受损、遗失的证明。

海事报告（maritime report）：是由船长出具的文件，用于证明货损与海运时遇到的海难有关。

检验报告（survey report）：是由检验机构在检验受损货物后出具的对于损失原因、损失数量等的证明，是确定保险责任和赔偿的主要文件。

补充词语

1	压损	yāsǔn	damage due to pressing
2	投影仪	tóuyǐngyí	projector
3	发霉	fāméi	go moldy
4	堆放	duīfàng	stack; heap
5	达标	dábiāo	be up to the standard
6	有说服力	yǒu shuōfú lì	persuasive; convincing
7	证据	zhèngjù	evidence
8	海难	hǎinàn	marine accident

参考网站及资料

- 田运银. 国际贸易实务精讲（第六版）[M]. 北京：中国海关出版社，2014.
- 应世昌. 新编国际货物运输与保险（第三版）[M]. 北京：首都经济贸易大学出版社，2014.

学习心得

▶ 如果你是进口商,学完第10课后,你学到了哪些与工作相关的表达?你觉得哪些表达应该记下来?请记录在下面。

_____
_____
_____

▶ 如果你是出口商,学完第10课后,你学到了哪些与工作相关的表达?你觉得哪些表达应该记下来?请记录在下面。

_____
_____
_____

▶ 关于"受损索赔"的工作,你还有什么收获?请记录在下面。

_____
_____
_____

第11课 合作成功

工作热身

如果你是出口商，这次货物受损的证明文件说明主要是你方的责任，那么你会怎么处理？请你想一想，说一说：

1. 你会赔偿进口商的损失吗？赔偿多少合适？
2. 如果货物的损失不大，可以怎么办？如果货物的损失很大呢？
3. 你还希望以后跟进口商继续合作吗？该怎么表示？

词语 11-1

1	全额退款	quán'é tuìkuǎn	full refund
2	补发	bǔfā	reissue
3	额外	éwài	extra; additional
4	内包装	nèi bāozhuāng	inner packing
5	清单	qīngdān	list
6	难免	nánmiǎn	hard to avoid
7	高效	gāoxiào	high-efficiency
8	值得	zhídé	be worth; deserve
9	信赖	xìnlài	trust
10	长期	chángqī	long period of time

内包装 　　　　　　清单 　　　　　　高效

对话 11-2

出口商：丽莎女士，您好。我给您打电话是想谈谈这次货物受损的赔偿问题。

进口商：李经理，您好。我也正想给您打电话。

出口商：我们请检验机构对运输包装进行了检测，发现包装材料确实存在一些问题。但是如果不遇到那么大的海上风浪，应该也不会发生破损。不管怎么说，这次货损我们愿意承担主要责任。

进口商：那贵方打算如何处理？

出口商：关于遗失的两件产品，我方可以全额退款，也可以马上给您补发，空运过去，额外费用都由我方承担。

进口商：那请尽快补发过来吧。

出口商：关于包装箱受损的问题，从您发过来的照片看，好像没有影响到销售包装，是吧？

进口商：嗯，可以这么说吧。内包装的泡沫材料起到了很好的保护作用，但是接下来的国内运输会受到影响。

出口商：这话怎么讲？

进口商：由于运输包装有破损，我们国内的运输公司需要加收额外的处理费用，运输成本增加了。

出口商：这一点我理解，这部分费用我方可以承担，您看怎么样？

进口商：那这次货物受损的检验费用呢？

出口商：这点也请放心，请您将有关费用的清单发给我，我们公司会对贵方的损失做出合理的赔偿。出了这样的事，我们也感到非常抱歉，希望不会影响我们今后的合作。

进口商： 李经理，在国际贸易过程中，难免会遇到这样那样的问题。你们公司能这么积极高效地处理问题并提出赔偿方案，是值得信赖的合作伙伴。

出口商： 丽莎女士，谢谢您的信任。我方很看重跟贵公司的合作，希望以后我们能保持长期的合作关系。

进口商： 我们也希望以后有机会继续合作。

练习

1 **根据对话内容，回答下面的问题**

1. 出口商对包装进行检测的结果如何？
2. 对于遗失的两件产品，出口商打算如何处理？
3. 包装箱破损会给进口商带来什么麻烦？
4. 包装箱破损造成的额外费用将由谁承担？
5. 检验费用将由谁承担？
6. 请总结：此次货物受损的主要原因是什么？谁负主要责任？谁会赔偿损失？进口商对出口商的处理结果满意吗？

2 **听一听，写一写** 🎧 11-3

如果货物没有受损，那么进口商付款、提货后，这次国际贸易就顺利完成了。下面请听一听，如果贸易顺利的话，双方是怎样进行交流的。请把有用的句子写在下面。

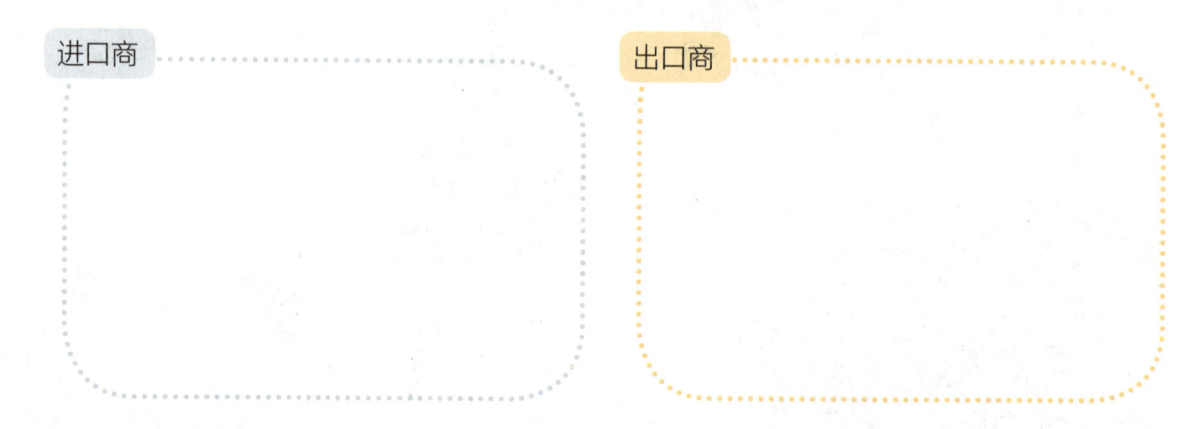

进口商	出口商

3 **写一写，说一说**

如果你是北京爱家电子设备生产公司的海外销售部经理，你打算怎样处理这次索赔？请把你的处理方案写在下面，然后说一说。

_____
_____
_____
_____

4 写一写，读一读，说一说

我们以北京爱家电子设备生产公司与西班牙ABC家居用品公司的贸易为例，按时间顺序，总结了国际贸易的工作流程。请先填写本次贸易的基本情况，读一读进口商和出口商各自的工作流程，然后说一说国际贸易一般的工作流程。

基本情况：

货物_____ 贸易术语_____ 支付方式_____

图表11-1 国际贸易工作流程

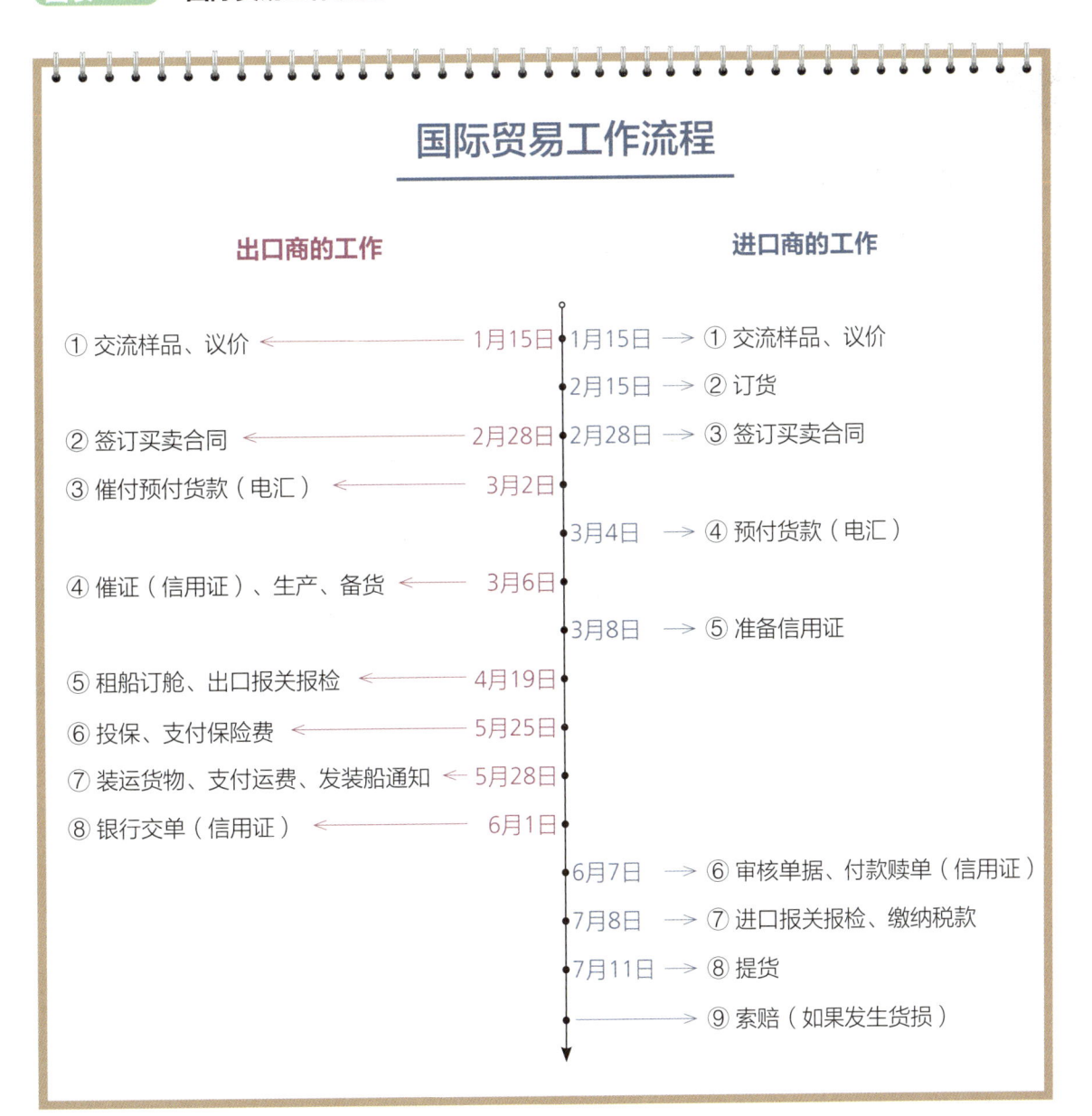

国际贸易工作流程

出口商的工作	时间	进口商的工作
① 交流样品、议价 ←	1月15日 / 1月15日 →	① 交流样品、议价
	2月15日 →	② 订货
② 签订买卖合同 ←	2月28日 / 2月28日 →	③ 签订买卖合同
③ 催付预付货款（电汇）←	3月2日	
	3月4日 →	④ 预付货款（电汇）
④ 催证（信用证）、生产、备货 ←	3月6日	
	3月8日 →	⑤ 准备信用证
⑤ 租船订舱、出口报关报检 ←	4月19日	
⑥ 投保、支付保险费 ←	5月25日	
⑦ 装运货物、支付运费、发装船通知 ←	5月28日	
⑧ 银行交单（信用证）←	6月1日	
	6月7日 →	⑥ 审核单据、付款赎单（信用证）
	7月8日 →	⑦ 进口报关报检、缴纳税款
	7月11日 →	⑧ 提货
		⑨ 索赔（如果发生货损）

第11课 合作成功

贸易小组实践活动

我们在第10课的"贸易小组实践活动"中已经谈过货物受损的情况。假设现在进口商已经拿到了证明文件，分析出了货物受损的原因，找到了责任人。接下来，请进口商和出口商完成这次国际贸易最后的洽谈。

要求：

1. 两人一组，一人代表中国的进口公司，一人代表本国的出口公司。
2. 洽谈内容必须包括：对货损索赔的处理方案，结束本次贸易。

贸易知识小结

↘ 贸易知识

国际贸易工作流程（procedures of export and import transaction）： 每一笔进出口业务，从开始介绍产品到最后完成贸易，都是一个复杂而漫长的过程，这期间需要处理很多工作和贸易文件。通过对本书的学习，大家已经能够完成一次完整的国际贸易工作流程了。在最后这一课，我们把国际贸易工作流程总结在了练习第4题中，帮助大家对国际贸易工作有更完整的认识。但是，请特别注意，国际贸易中，采用的贸易术语和支付方式不同，双方的责任和工作流程也不同。比如，如果贸易术语是FOB，那么就是由进口商负责运输和保险；如果100%采用信用证的支付方式，那么就不需要预付货款。大家可以试着在贸易术语改变的情况下，制定出合理的国际贸易工作流程。

补充词语

1	流程	liúchéng	process
2	催付	cuīfù	press for a payment
3	催证	cuīzhèng	press for L/C
4	租船订舱	zūchuán dìngcāng	charter a ship
5	赎单	shúdān	retirement of document
6	漫长	màncháng	(of time or road) very long; endless
7	期间	qījiān	time; period

参考网站及资料

- 田运银. 国际贸易实务精讲（第六版）[M]. 北京：中国海关出版社，2014.

学习心得

- 如果你是进口商,学完第11课后,你学到了哪些与工作相关的表达?你觉得哪些表达应该记下来?请记录在下面。

_____
_____
_____

- 如果你是出口商,学完第11课后,你学到了哪些与工作相关的表达?你觉得哪些表达应该记下来?请记录在下面。

_____
_____
_____

- 关于"合作成功"的工作,你还有什么收获?请记录在下面。

_____
_____
_____

复习与展示（二）

第6课—第11课学习内容总结

■ 从第6课到第11课，我们学习了哪些国际贸易知识？一起制作了哪些重要的贸易文件？边看下面的表格边复习课文。

图表1 第6课—第11课学习内容总结

课文	贸易知识	贸易文件
第6课 货物包装	销售包装、运输包装、唛头	装箱单
第7课 货物运输	集装箱、航线、船期、运费	提单
第8课 海运保险	海运货物保险、仓至仓条款	装船通知、投保单、保险单
第9课 报关报检	海关、报关、报检、出入境检验检疫、中国海关对于进口货物报关报检的规定	报关单
第10课 受损索赔	索赔	货损货差证明、海事报告、检验报告
第11课 合作成功	国际贸易工作流程	

■ 上面的这些贸易知识你都理解了吗？跟旁边的同学互相说一说：在国际贸易工作中，怎么用这些知识来工作？

■ 从第6课开始，课文的内容就不只是进出口商之间的洽谈了，还有很多其他的公司、部门来为进出口商服务。为了完成一次国际贸易工作，除了进口商和出口商外，还需要哪些公司或部门呢？请写在下面。

_____

_____

4 第6课到第11课的贸易文件你都完成了吗?请把你的贸易文件准备好,我们马上就要开始真正的国际贸易洽谈了。

5 作为进出口商,在学完了第6课到第11课后,你现在能完成哪些国际贸易工作?我们将贸易工作按时间顺序列在了下面的表格中。请看表格中的工作任务,思考我们应该怎么完成这些工作。

图表2 第6课—第11课贸易工作总结

贸易工作	谁和谁一起完成
货物运输包装	出口商—包装公司
国际海运运输	出口商或进口商—运输公司
国际海运保险	出口商或进口商—保险公司
进口货物到中国报关报检	进口商—中国海关
发现货损、索赔	进口商—出口商或保险公司
合作成功	出口商—进口商

贸易小组实践活动

中外国际贸易中关于货物包装、国际海运、海运保险、进口国报关报检、索赔与赔偿、合作成功等工作的洽谈展示。

要求：

1 小组表演，建议4—6人一组，分别扮演进口商（中国）、出口商、包装公司、运输公司、保险公司、中国海关6个不同的公司或部门。

2 洽谈内容必须包括：货物包装、国际海运、海运保险、进口国报关报检、索赔与赔偿、合作成功等工作。

3 展示时间：25分钟。

4 准备贸易文件：装箱单、提单、装船通知和投保单。

5 准备对话文本：将你们的对话内容写下来。

6 注意事项：

- 小组成员合理分配角色，尽量每人在对话中的说话机会差不多。

    如果是5人一组，建议角色分配：

    学生A——进口商（中国）

    学生B——出口商

    学生C——包装公司和运输公司

    学生D——保险公司

    学生E——中国海关

    如果是4人一组，学生A和学生D的角色可以由一人负责。

    如果是6人一组，学生B的角色可以由两人共同负责。

- 展示内容不能跟课文一模一样，需要根据贸易货物和贸易双方的实际情况修改、调整。比如，海运航线应该是从你的国家到中国的。

- 展示时不能一直按照文本读，记得越多越好。

语言知识

1 词语辨析

❶

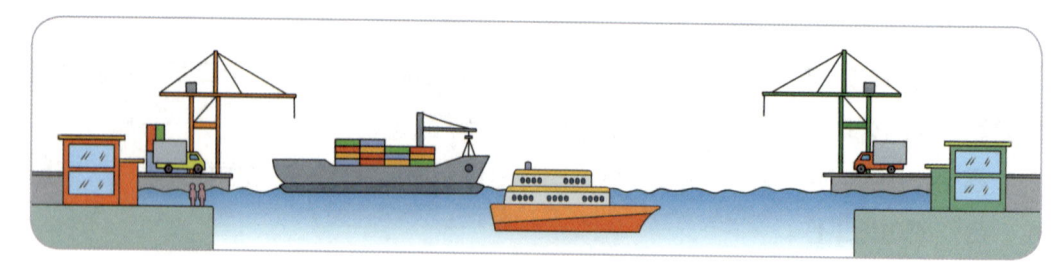

直达

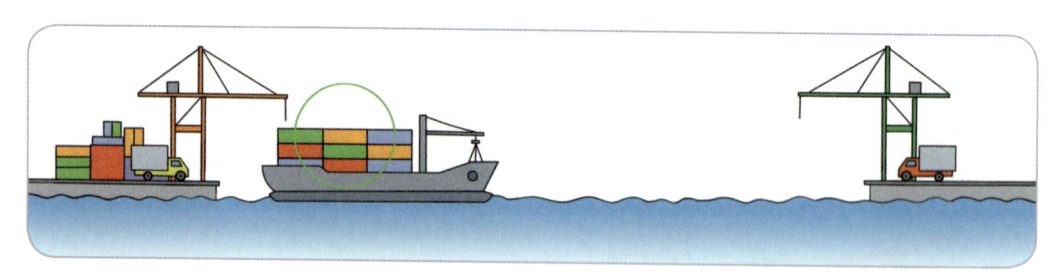

直运

词语详解

直达： 不必在中途换车换船而直接到达，表示车或船等交通工具可以直接到达某个地方，既可以描述载物的交通工具，又可以描述载人的交通工具。比如"我们公司的集装箱船有青岛直达上海的航线""这趟火车直达广州"。

直运： 表示货物可以直接运输到某个地方，只能描述货物。比如"我们这批货必须直运，不能转运""我们（货物运输）选择的是广州直运天津的航线"。

练一练

1. 航空公司工作人员：我们的航班可以 _____ 天津。

2. 销售部经理：这批货可以 _____ 到宁波港，没有问题。

3. 客户：我们的货是 _____ 还是转运？

4. 海运公司工作人员：我们公司有从新加坡港到上海港的 _____ 航线，货物不需要转运。

❷

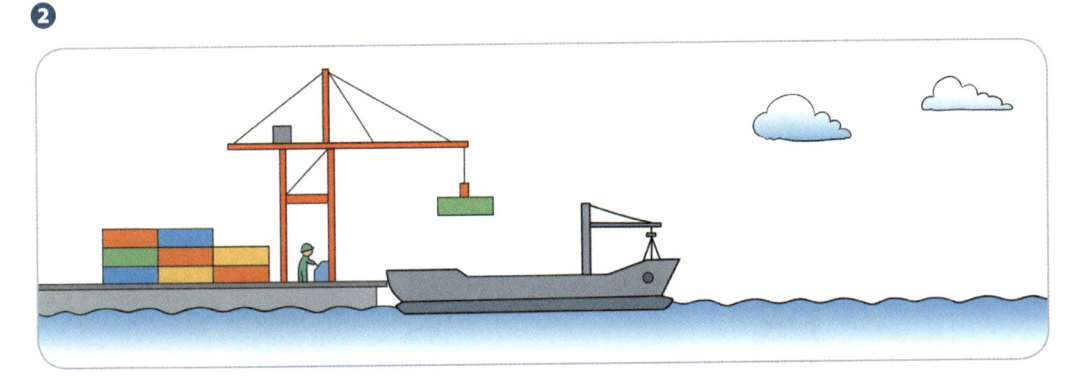

装货

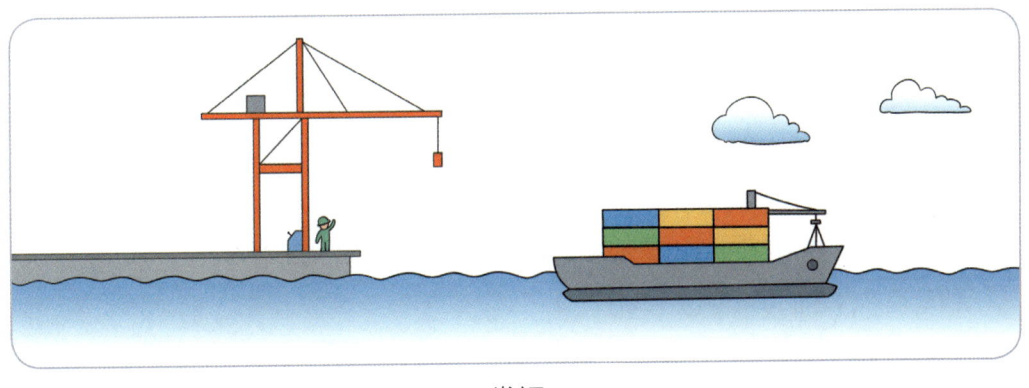

发运

装运 = 装货 + 发运

> 词语详解

装货：指的是把货物装到船上或其他运输工具上的那个时间点发生的动作。比如"码头工人正在装货，一个小时后可以装好""今天下雨，没办法完成装货工作"。

发运：（货物）运出去，指的是货物运出去的那个时间点发生的动作。比如"你们的货物今天发运了，大概十天后就能到指定港口"。

装运：装载并运输，是"装货"和"发运"两部分动作的总和。比如"我们的货物已经完成装运了，预计一周后到达"。

> 练一练

1. 海运公司工作人员：你们的货物已经到达码头了，最快今天下午可以_____。

2. 出口商：这批货已经装船了，我们的船预计明天_____。

3. 进口商：这批货必须一次_____，不能分批_____。

4. 海运公司工作人员：受自然灾害影响，我们现在无法_____。

❸

类 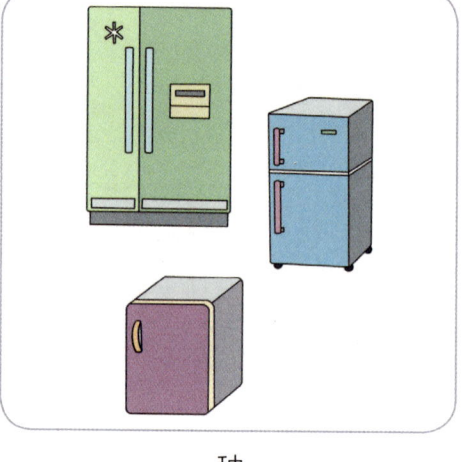　　　　　　　　　种

词语详解

类：用于性质或特征相同或相似的事物，是一个比"种"的范围大得多的量词，可以说是"小种大类"。比如"家电类产品包括电视、冰箱、洗衣机等""中国常见的柑橘类水果包括橘子、橙子、柚子等"。

种：是一个最常用的表示不同种类的量词。比如"超市里有很多种水果""我们销售很多种不同类型的洗衣机"。

练一练

1. 销售部工作人员：像手机、电脑这一＿＿＿＿＿＿＿＿产品对技术要求很高。

2. 售货员：我们这儿有很多＿＿＿＿＿＿＿＿不同类型的电脑，不知道您喜欢什么？

3. 销售部工作人员：多年来，家电＿＿＿＿＿＿＿＿产品的价格基本保持不变。

4. 顾客：这两＿＿＿＿＿＿＿＿大米有什么不同？

❹

危险 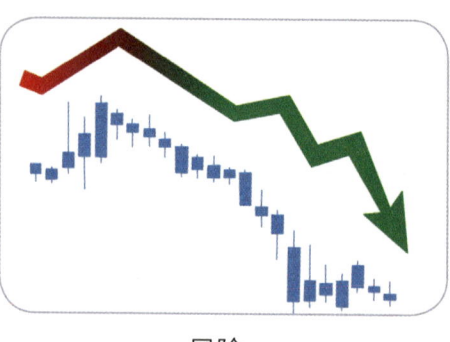　　　　　　　　　风险

词语详解

危险：有遭到损害或失败的可能，是日常生活中常用的一个词。比如"晚上爬山很危险""开车时看手机很危险"。

风险： 可能发生的危险，多用于书面语，常用来表示抽象的危险。比如"投资股票有风险""海上运输时间较长，风险较大"。

险别： 是保险行业的专业术语，指的是保险的种类。比如"我们公司有很多不同的险别""如果港口的罢工风险较高，您可以考虑购买罢工险这种险别"。

> 练一练

1. 进口部经理：做国际贸易会有汇率 _____ 。

2. 保险公司工作人员：我认为这种 _____ 最适合你们的货物。

3. 码头工人：现在风太大了，不能装货，很 _____ 。

4. 保险公司工作人员：为了应对可能遇到的海上 _____ ，我向您推荐这种 _____ 。

❺ 负责—责任

> 词语详解

负责： 承担责任，是一个动词。比如"这件事由我负责""我负责这件事"。

责任： 没有做好分内应做的事，因而应当承担的过失，是一个名词。比如"这件事做错了是我的责任""他的责任比我的责任大，所以他应该对问题负责"。

> 练一练

1. 经理：这次没能按时交货，是哪个部门的 _____ ？

2. 公司工作人员：我 _____ 调查产品的质量问题。

3. 经理：如果是我们公司的 _____ ，我们不会推脱。

4. 出口部经理：如果是由于包装问题造成的损失，由我们 _____ 。

❻

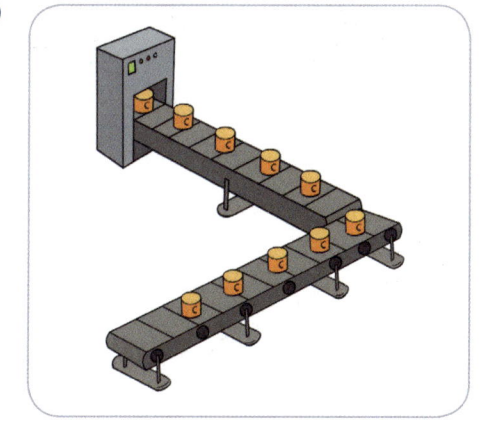

产品 　　　　　　　　　　　　　商品

词语详解

产品： 生产出来的物品，多跟生产公司有关。比如"这是我们公司最新的产品""我给您介绍一下这款产品的功能"。

商品： 市场上出售的货物，多是在市场买卖的环境中。比如"我们公司参加了这次的中国进出口商品交易会""摆放时，不要把商品放在顾客拿不到的位置"。

练一练

1. 出口部经理：我们的 _____ 交货前都检验过。

2. 销售部经理：欢迎参观我们的工厂，现在大家看到的是我们新 _____ 的生产车间。

3. 超市经理：我们超市一共销售200多种进口 _____ 。

4. 顾客：你们公司销售的二手 _____ 怎么保证质量？

❼

检查

检验

检疫

查验

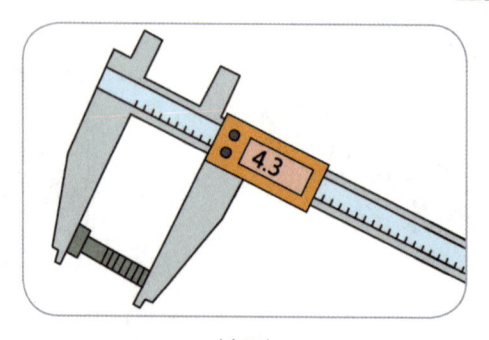

检测

词语详解

检查： 为了发现问题而细心查看，一般只看外观怎么样。比如"我认真检查过产品包装了""你在买东西的时候要检查一下商品的外观是否完好"。

检验： 按一定标准检查（看是否合格），是比较专业的检查，常需要用专业的设备进行检验。比如"有的病需要在医院做抽血检验""海关人员负责检验进口商品"。

检疫： 为防止传染病在国内蔓延和国际间传播而对人员、货物等进行医学检查、卫生检查和卫生处理，检疫的对象常常是出入境的人、动物、植物等。比如"进口肉类食品的检疫工作""出入境人员的检疫工作"。

查验： 检查验看，一般是管理部门做的，检查文件或者货物的外观情况是否是真实的。比如"海关查验货物""政府有权对申请人的身份进行查验"。

检测： 检验测定，一般需要测量出数据。比如"检测产品不同成分的含量""检测环境污染的指标"。

练一练

1. 海关人员：现在是中国的春节假期，进口食品的 _____ 时间会比平时长一点。

2. 海关人员：你们公司进口的这种产品需要凭进口许可证 _____ 放行。

3. 公司质量检验部的工作人员：我们 _____ 到这批样品的蛋白质含量达到了 3.5%，符合国家标准。

4. 客户：这批货物什么时候能报关 _____ ？

5. 售货员：请您 _____ 一下手机的包装，没有问题的话我们就打开了。

生词表

B

罢工险	bàgōngxiǎn	strikes risk	L8
包装材料	bāozhuāng cáiliào	packing (material); wrapping	L6
包装箱	bāozhuāngxiāng	packing box	L6
保持	bǎochí	keep; maintain	L10
保留	bǎoliú	retain; keep	L5
保险单	bǎoxiǎndān	certificate of insurance	L8
保险费	bǎoxiǎnfèi	(insurance) premium	L2
报关	bàoguān	declare (at customs)	L9
报关单	bàoguāndān	customs declaration	L9
报关行	bàoguānháng	customs agency	L9
报关员	bàoguānyuán	customs agent; declarant	L9
报价	bàojià	make a quotation	L1
报价单	bàojiàdān	(price) quotation	L2
报检	bàojiǎn	declare for inspection and quarantine	L9
报损	bàosǔn	report loss	L10
备货	bèihuò	get goods ready for sale; stock up	L4
本周	běnzhōu	this week; the current week	L3
标志	biāozhì	sign; mark	L6
补发	bǔfā	reissue	L11

C

采用	cǎiyòng	put to use; adopt	L3
仓至仓条款	cāng zhì cāng tiáokuǎn	warehouse to warehouse clause; W/W Clause	L8
查收	cháshōu	[usually used in a letter] check and accept	L2
查验	cháyàn	check	L9
产地	chǎndì	place of production	L6
产品目录	chǎnpǐn mùlù	product catalog	L1
产品说明书	chǎnpǐn shuōmíngshū	directions of a product	L6
长期	chángqī	long period of time	L11
承保	chéngbǎo	accept insurance	L8
承担	chéngdān	bear; assume	L1
尺寸	chǐcùn	measure; dimension; size	L6
抽检	chōujiǎn	spot-check	L9
出具	chūjù	produce; write out	L10
出入境	chū-rùjìng	entry-exit	L9
船期	chuánqī	sailing date	L7
CIF（成本、保险费加运费）		Cost, Insurance and Freight	L2

D

达到	dádào	achieve; attain	L2
代理	dàilǐ	act for	L9
单独	dāndú	individually	L8

单价	dānjià	unit price	L5
但愿如此	dànyuàn rúcǐ	I hope so	L10
到账	dàozhàng	credited into account	L5
电汇	diànhuì	telegraphic transfer (TT)	L5
电子版	diànzǐbǎn	electronic edition	L1
订单	dìngdān	purchase order	L3
订购	dìnggòu	order	L1
订货单	dìnghuòdān	order form	L4
订货数量	dìnghuò shùliàng	order quantity	L2
多式联运	duōshì liányùn	multimodal transport	L7

E

| 额外 | éwài | extra; additional | L11 |
| EXW（工厂交货） | | Ex Works | L2 |

F

发运	fāyùn	dispatch; send; ship	L4
法定检验	fǎdìng jiǎnyàn	vidimus; legal inspection	L9
防潮	fángcháo	be damp-proof	L6
防震	fángzhèn	be shockproof; be antiseismic	L6
放行	fàngxíng	customs clearance	L9
分批交货	fēnpī jiāohuò	deliver goods by installments	L4
附加险	fùjiāxiǎn	additional risk	L8
FOB（船上交货）		Free On Board	L2

G

高效	gāoxiào	high-efficiency	L11
工作日	gōngzuòrì	working day	L1
功能	gōngnéng	function	L1
沟通	gōutōng	communicate	L5
惯例	guànlì	convention	L8
广告设计	guǎnggào shèjì	advertising design	L3
规格	guīgé	specification	L1
规模	guīmó	scale	L9
贵方	guìfāng	you; your business; your company	L2

H

海事报告	hǎishì bàogào	maritime report	L10
航线	hángxiàn	shipping line	L7
合理	hélǐ	rational	L7
核对	héduì	check; verify	L4
核算	hésuàn	examine and calculate	L2
回复	huífù	reply a letter; answer	L2
货款	huòkuǎn	payment for goods	L3
货损货差证明	huòsǔn huòchā zhèngmíng	certificate of loss or damage	L10

J

机构	jīgòu	organization; institution	L9
基本	jīběn	basically	L8
基本险	jīběnxiǎn	basic insurance	L8
集装箱	jízhuāngxiāng	container	L7
家居用品	jiājū yòngpǐn	home comforts	L1
坚固	jiāngù	firm; solid	L6
检测	jiǎncè	test; examine	L10
检验	jiǎnyàn	test; examine	L9
检验报告	jiǎnyàn bàogào	survey report	L10
检疫	jiǎnyì	quarantine	L9
交货	jiāo huò	deliver goods	L2

缴纳	jiǎonà	pay	L9
尽快	jǐnkuài	as soon as possible	L2
进出境	jìn-chūjìng	import-export	L9
进口许可证	jìnkǒu xǔkězhèng	import licence	L9
经济实惠	jīngjì shíhuì	economical but practical	L6
净重	jìngzhòng	net weight	L6
具体	jùtǐ	concrete; specific	L1

K

开户银行	kāihù yínháng	bank of deposit	L5
开立	kāilì	open; issue	L4
开信用证	kāi xìnyòngzhèng	open an L/C	L4
开证行	kāizhèngháng	opening bank	L4
看重	kànzhòng	value; regard as important	L3
空运	kōngyùn	airlift	L7
库存	kùcún	stock; reserve	L3
款	kuǎn	kind; type	L1

L

类	lèi	kind; type	L6
离港	lígǎng	leave a harbor	L7
立方米	lìfāngmǐ	cubic meter	L7
利润	lìrùn	profit	L3
零售价格	língshòu jiàgé	retail price	L1
陆运	lùyùn	transport by land	L7

M

麻烦	máfan	trouble sb; bother	L2
唛头	màitóu	shipping mark	L6
毛重	máozhòng	gross weight	L6
门到门	mén dào mén	door to door	L7
门锁	ménsuǒ	door lock	L1
名称	míngchēng	name (of a thing or organization)	L4
目前	mùqián	present moment	L3

N

难免	nánmiǎn	hard to avoid	L11
内包装	nèi bāozhuāng	inner packing	L11

P

泡沫	pàomò	foam	L6
赔偿	péicháng	compensate	L8
配合	pèihé	coordinate; cooperate	L4
拼箱	pīnxiāng	less than container load (LCL)	L7
品名	pǐnmíng	name of an article	L6
品质	pǐnzhì	quality	L3
平安险	píng'ānxiǎn	free of particular average (FPA)	L8
破损	pòsǔn	broken or damaged	L10

Q

签订	qiāndìng	conclude and sign	L5
签发	qiānfā	sign and issue (a document, certificate, etc)	L7
千克	qiānkè	kilogram	L7
抢手	qiǎngshǒu	(of goods) marketable; in great demand	L2
清单	qīngdān	list	L11
全额退款	quán'é tuìkuǎn	full refund	L11
全面	quánmiàn	overall; general	L1

| 确定 | quèdìng | define | L2 |
| 确认 | quèrèn | affirm; confirm | L4 |

R

| 人工 | réngōng | man-day | L3 |
| 如实 | rúshí | truthfully | L8 |

S

稍后	shāohòu	later	L1
设备	shèbèi	equipment; device	L1
设计方案	shèjì fāng'àn	design plan	L6
审核单据	shěnhé dānjù	check document	L9
实施	shíshī	put into effect	L9
实物	shíwù	real object	L1
事项	shìxiàng	item; matter	L4
试用	shìyòng	try out	L3
是否	shìfǒu	whether or not	L3
受损	shòusǔn	be damaged	L10
受益人	shòuyìrén	beneficiary	L4
疏忽	shūhu	be careless; neglect	L5
刷	shuā	paint	L6
水渍险	shuǐzìxiǎn	with particular average (WPA)	L8
税款	shuìkuǎn	tax payment	L9
税款缴款书	shuìkuǎn jiǎokuǎnshū	letter of payment of duties	L9
税率	shuìlǜ	tax ratio	L9
随时	suíshí	at any time	L5
损失	sǔnshī	lose; damage	L8
索赔	suǒpéi	claim compensation against	L10

T

特殊附加险	tèshū fùjiāxiǎn	special additional risk	L8
提单	tídān	bill of lading (B/L)	L7
提供	tígōng	provide; supply	L3
提前	tíqián	shift to an earlier date; advance	L5
体积	tǐjī	volume	L6
体验	tǐyàn	experience	L1
同类产品	tónglèi chǎnpǐn	similar product	L3
投保	tóubǎo	insure; cover	L8
投保单	tóubǎodān	insurance slip	L8
推迟	tuīchí	delay; put off	L5
推脱	tuītuō	evade; dodge	L10

W

瓦楞纸	wǎléngzhǐ	corrugated paper	L6
委托	wěituō	entrust (sb with sth)	L9
务必	wùbì	must; be sure to	L5
物流	wùliú	logistics	L7

X

系列产品	xìliè chǎnpǐn	series products	L1
显示	xiǎnshì	show; demonstrate	L10
险别	xiǎnbié	coverage	L8
相当于	xiāngdāng yú	be equal to	L8
详细	xiángxì	detailed	L1
享受	xiǎngshòu	enjoy	L2
项	xiàng	item	L4
销售包装	xiāoshòu bāozhuāng	consumer packing	L6
销售部	xiāoshòubù	marketing department	L1

销售合同	xiāoshòu hétóng	sales contract	L4
协定税率	xiédìng shuìlǜ	conventional tariff	L9
卸货港	xièhuògǎng	port of discharge	L10
信赖	xìnlài	trust	L11
信用证	xìnyòngzhèng	letter of credit (L/C)	L3
信誉	xìnyù	prestige; credit	L3
形式发票	xíngshì fāpiào	pro forma invoice	L5
型号	xínghào	model; type	L1
性价比	xìngjiàbǐ	price/performance ratio	L3
需求	xūqiú	requirement	L4
询价	xúnjià	request for quotation	L1

Y

样品	yàngpǐn	sample (product)	L1
一次交货	yícì jiāohuò	one-time delivery	L4
一切险	yíqièxiǎn	all risks (AR)	L8
一般附加险	yìbān fùjiāxiǎn	general additional risk	L8
一言为定	yìyán-wéidìng	that's settled then; a promise is a promise	L3
遗失	yíshī	lose	L10
音箱	yīnxiāng	speaker; sound box	L1
硬纸	yìngzhǐ	cardboard; hardboard	L6
优惠	yōuhuì	preference; discount	L2
邮寄	yóujì	send by post	L1
有关单证	yǒuguān dānzhèng	related document	L9
有效期	yǒuxiàoqī	validity period	L2

余款	yúkuǎn	spare money	L3
预付	yùfù	pay in advance	L3
远期信用证	yuǎnqī xìnyòngzhèng	usance letter of credit	L3
约定	yuēdìng	agree on; appoint	L5
运费	yùnfèi	transportation expense	L1
运输包装	yùnshū bāozhuāng	shipment packing	L6

Z

遭受	zāoshòu	suffer	L10
造成	zàochéng	create; cause	L8
增值税	zēngzhíshuì	value-added tax (VAT)	L9
赠送	zèngsòng	present as a gift	L1
战争险	zhànzhēngxiǎn	war risk	L8
账号	zhànghào	account number	L5
账户	zhànghù	account	L5
折	zhé	discount	L2
折扣	zhékòu	discount	L2
征收	zhēngshōu	levy; collect	L9
整箱	zhěngxiāng	full container load (FCL)	L7
正本	zhèngběn	original (of a document)	L5
支付	zhīfù	defray; pay	L3
直达	zhídá	go through; travel nonstop	L7
直运	zhíyùn	drop shipment	L7
值得	zhídé	be worth; deserve	L11
指定	zhǐdìng	appoint; assign	L6
质量缺陷	zhìliàng quēxiàn	quality defect	L10
智能	zhìnéng	intellectual ability	L1

滞纳	zhìnà	put off paying (fees, taxes, etc)	L9
滞纳金	zhìnàjīn	fine for delayed payment	L9
重量	zhòngliàng	weight	L6
主打产品	zhǔdǎ chǎnpǐn	leading product	L1
注明	zhùmíng	give clear indication (of)	L4
抓紧	zhuājǐn	make the best use of one's time	L4
转入	zhuǎnrù	transfer to; shift to	L5
转运	zhuǎnyùn	transport; transfer	L7
装船通知	zhuāngchuán tōngzhī	shipping advice	L8
装箱单	zhuāngxiāng dān	packing list	L6
装运期	zhuāngyùnqī	time of shipment	L5
总值	zǒngzhí	total value	L5
足量	zúliàng	sufficiency	L10
最惠国税率	zuìhuìguó shuìlǜ	most-favored-nation rate	L9

*每个字母段下，按照先中文词汇再英文词汇的规则排序。

参考答案

第1课

1.1.1

1. 出口商是一家中国北京的公司,名称是"爱家电子设备生产公司",生产智能音箱、智能门锁等产品。

2. 进口商是一家西班牙巴塞罗那的公司,名称是"ABC家居用品公司"。

3. 进口商想要了解智能音箱、智能门锁等产品。

4. 进口商希望通过产品目录了解出口商的产品,出口商回复:"一会儿我可以发一份电子版的产品目录到您的邮箱里。"

5. 进口商应该向出口商正式询价。

1.1.2 销售部;人事部;财务部;产品研发部;出口部;进口部;
市场部、售后服务部、采购部、生产部等

1.1.3 3,800元;3,050元;1,970元;4,250元

1.1.4 略

1.2.1

1. 进口商对AI智能音箱比较感兴趣。

2. 进口商希望得到免费的样品。

3. 出口商回复:"像智能音箱这样的产品我们可以免费赠送一台,但是国际运费需要由你方承担。"

1.2.2

收货人:王亮;联系电话:010-33276410;收货人地址:北京市朝阳区东三环北路明天大厦1210室。

收货人:张明;联系电话:10174663599;收货人地址:深圳市南山区大连路2号发展大厦801房间。

1.2.3 略

1.2.4 略

第2课

2.1.1

1. 进出口商双方在讨论报价单。

2. 出口商报的是EXW北京的价格。

3. 进口商希望出口商报FOB天津和CIF巴塞罗那的价格。

4. 装运港是中国的天津港，目的港是西班牙的巴塞罗那港。

5. 报价的有效期是7天。

2.1.2

贸易术语	负责出口国国内运费	负责国际海运运费和海运保险费	负责进口国国内运费
EXW	进口商	进口商	进口商
FOB	出口商	进口商	进口商
CIF	出口商	出口商	进口商

2.1.3 FOB敖德萨，每吨196美元；CIF大连，每吨252美元。

2.1.4 答案不唯一，举例如下：

产品名称	图片	型号	单位	FOB价格	CIF 价格
圆珠笔		B105	盒	FOB汉堡，每盒12欧元	CIF上海，每盒13.5欧元
圆珠笔		R107	盒	FOB汉堡，每盒20欧元	CIF上海，每盒23欧元

产品名称	图片	型号	单位	FOB价格	CIF 价格
智能电视		ET01	台	FOB天津，每台400美元	CIF纽约，每台450美元
平板电脑		XP02	台	FOB天津，每台450美元	CIF纽约，每台500美元

2.2.1

1. 一次购买的数量达到100台，优惠5%；一次购买500台以上，优惠10%。

2. 进口商可能会订购100台以上，但是具体的数量还需要根据价格再确定。

2.2.2

中国北京爱家电子设备生产公司

报 价 单

地　　址：北京市朝阳区智能产业科技园5号　　电　　话：(+0086) 010-14327639
联 系 人：李晓光　　　　　　　　　　　　　电子邮件：lixiaoguang@aijia.com
日　　期：2022年1月4日　　　　　　　　　　有 效 期：7天

产品名称	型号	规格	单位	价格	折扣
智能音箱	S5	88×88×211（毫米）白色	台	FOB天津，30欧元 CIF巴塞罗那，35欧元	500台以上，10%
智能音箱	S7	118×118×211（毫米）白色	台	FOB天津，34欧元 CIF巴塞罗那，40欧元	500台以上，10%

2.2.3 略

2.2.4 略

第3课

3.1.1

1. 进口商对产品很满意，但是对价格不满意。
2. 进口商计划订购500台音箱。
3. 出口商会优惠10%。
4. 如果进口商预付10%的货款，出口商会再多给2%的折扣。
5. 出口商希望余款以信用证的方式支付。

3.1.2

1. 110万元人民币；两次；30万货款；余款80万
2. 4,000美元；预付一半的；等买方收到货物后

3.1.3 略

3.1.4

信用证的优缺点：

优点：对进出口商双方都很安全，促进国际贸易

缺点：办理时间长，银行费用高

3.2.1

1. "你们公司目前的价格还是有点儿高，我们很难接受。"
2. 不能了。因为现在人工越来越贵，出口商的利润已经很低了。
3. 出口商提出"免费提供一年的广告设计"的优惠。
4. 进口商要求采用30天的远期信用证的支付方式。
5. 出口商要求在本周内订货；进口商要求交货时间不晚于下个月月底。

3.2.2

进口商：条件一、条件四

出口商：条件二、条件三

3.2.3

进口商：采用30天的远期信用证；交货时间不晚于下个月月底

出口商：免费提供一年的广告设计；在本周内订货

3.2.4 答案不唯一，供参考：

进口商：先交货后付款；采用120天的远期信用证的支付方式

出口商：预付50%的货款；采用即期信用证的支付方式；订货数量最少100件

第4课

4.1.1

1. 进出口商在讨论订货单。

2. 订单上需要注明订购产品的名称、型号、规格、颜色和数量。

3. 出口商需要仔细核对订单上的每项内容。

4. 进口商希望在下个月月底前交货。

5. 信用证的开证行是西班牙Santander银行。出口商同意，因为这家银行的信誉很好。

4.1.2

订货单

买方：西班牙ABC家居用品公司　　　　　　　　　年　月　日（略）

产品名称	型号	规格（毫米）	颜色	数量（台）
智能音箱	S5	88×88×211	白	500

买方签字：略　　　　　　　　　　　　　　　盖章：略

4.1.3

唇膏：每支3.5毫升（mg）—每支3.5毫克（mg）；261深红色—261粉色

洗面奶：每瓶100毫升（ml）—每瓶150毫升（ml）

4.1.4 略

4.2.1

1. 目前出口商的库存只剩300台了。

2. 出口商没有直接回答。他提出了分批交货的条件。

3. 因为生产时间比较紧，出口商收到信用证后才开始备货。

4. 出口商收到信用证后会马上开始备货，并准备包装、发运。

4.2.2

冰淇淋：下个月中旬可以交货

沙发：最迟今年年底交货

羽绒服：交货时间不晚于十月上旬

4.2.3

衬衫：分两批交货；第一批11月下旬交2,000件，第二批明年2月以前交3,000件。

圣诞树：一次交货；不晚于11月底。

4.2.4 略

第5课

5.1.1

1. 进出口商在讨论销售合同。

2. 进口商发现预付货款的比例写错了。出口商说："哦，真对不起，这是我的疏忽。我马上修改。"

3. 关于装运期，出口商无法保证下个月月底前装运，但是双方决定如果提前完成了生产会尽快装运。

5.1.2 略

5.1.3

第一笔：560,080元

第二笔：568,000元

第三笔：491,380元

第四笔：4,913,726元

5.1.4 略

5.2.1

1. 进口商需要仔细核对产品的单价和总值。

2. 销售合同里要特别注意价格指的是CIF巴塞罗那的价格。

3. 用电汇的支付方式时，需要知道收款方的开户银行名称和账号。

4. 如果销售合同没有问题，进口商应该两份都签名，自己保留一份，另一份尽快寄给出口商。

5.2.2

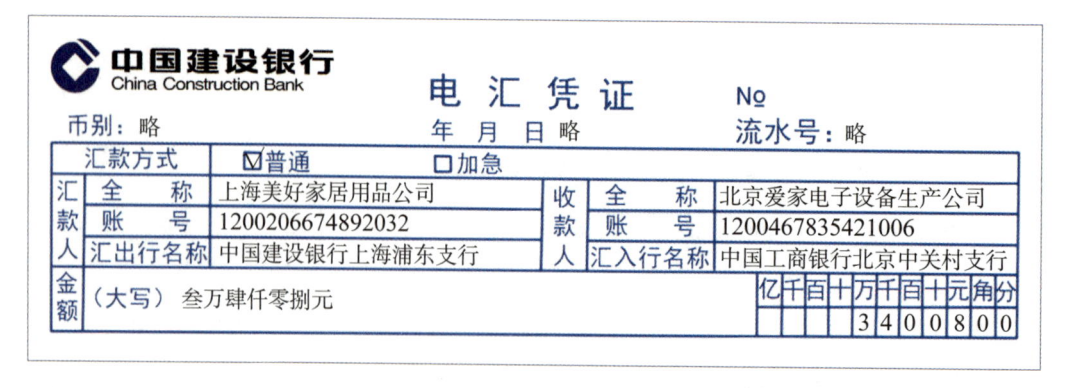

中国建设银行 China Construction Bank	电汇凭证	No
币别：略	年 月 日 略	流水号：略

汇款方式	☑普通　□加急		
汇款人 全称	上海美好家居用品公司	收款人 全称	北京爱家电子设备生产公司
账号	1200206674892032	账号	1200467835421006
汇出行名称	中国建设银行上海浦东支行	汇入行名称	中国工商银行北京中关村支行
金额（大写）	叁万肆仟零捌元		亿千百十万千百十元角分　3400800

5.2.3

提示：单价需要根据报价单和进出口商双方讨论的折扣计算，计算公式：35×（1−10%−2%）=30.8。货款总值的计算公式：30.8×500=15,400。

销售合同

合同号码：略　　　　　　　　　　签订日期：略

卖方：中国北京爱家电子设备生产公司　　联系地址：略

联系方式：(+0086) 略

买方：西班牙巴塞罗那ABC家居用品公司　　联系地址：略

联系方式：(+0034) 略

经买卖双方确认，同意以下条款：

产品名称	型号	规格	颜色	数量（台）	单价及贸易术语
智能音箱	S5	88×88×211（毫米）	白	500	CIF巴塞罗那，每台30.8欧元（例）
货款总值（大写）	15,400欧元（壹万伍仟肆佰欧元）					
装运期及运输方式	2022年5月30日前一次交货。（例） 海运。					
装运港及目的港	装运港是中国天津港，目的港是西班牙巴塞罗那港。					
支付方式	10%的预付货款，电汇的支付方式。 90%的货款，信用证的支付方式。开证行是西班牙Santander银行、受益人是卖方的30天远期信用证。					
备注	略					

买方（签字盖章）：略　　　　　　　　卖方（签字盖章）：略

5.2.4　略

复习与展示（一）

词语辨析：

①1. 产品　2. 货物　3. 产品　4. 货物

②1. 质量　2. 品质　3. 品质　4. 质量

③1. 款；款　2. 款　3. 种　4. 种

④1. 批　2. 堆　3. 批　4. 批

第6课

6.1.1

1. 进出口商在讨论货物包装的工作。
2. 进口商希望使用西班牙语的销售包装。
3. 出口商准备的产品说明书是多语种的。
4. 在运输包装箱上会刷品名、目的港、产地、净重、毛重和箱号等唛头。

6.1.2

产品名称（女士外套），包装箱内产品的数量和尺码（每箱30件，大号、中号、小号各10件），箱号（从1到20），唛头（出口商公司的标志JLF），净重（16千克），毛重（18千克），包装尺寸（60厘米×50厘米×60厘米）

6.1.3

收货人：西班牙ABC家居用品公司
合同号：略
目的港：西班牙巴塞罗那
箱号：C/NO.1-25

品名：智能音箱
产地：中国
数量：20台
净重：22千克
毛重：27千克
包装尺寸：66厘米×29厘米×26厘米

6.1.4　略

6.2.1

1. 对话的是中国北京爱家电子设备生产公司和中国北京巨益包装公司。
2. 包装公司有瓦楞纸、硬纸、泡沫等多种包装材料。

3. 本次贸易的运输包装选择了双层的瓦楞纸箱，因为需要包装的货物体积小、重量轻，还要在包装箱内加上泡沫材料，因为能防震、防潮。

4. 包装公司会制作装箱单。

6.2.2

材料的名称：1. 泡沫　2. 瓦楞纸　3. 硬纸

包装的名称：1. 泡沫箱　2. 瓦楞纸盒、瓦楞纸箱　3. 硬纸盒、硬纸箱　4. 塑料袋、塑料桶

6.2.3

装 箱 单

卖方：中国北京爱家电子设备生产公司　　发票号：略

买方：西班牙巴塞罗那ABC家居用品公司　　合同号：略

装运港：天津港　　　　　　　　　　　　日期：略

目的港：巴塞罗那港

唛头与箱号	货物名称及规格	数量（台） 每箱	数量（台） 总计	毛重（千克） 每箱	毛重（千克） 总计	净重（千克） 每箱	净重（千克） 总计
ABC（三角形） C/NO.1-25 至 C/NO.25-25	智能音箱S5 88×88×211（毫米）	20	500	27	675	22	550

6.2.4　略

第7课

7.1.1

1. 出口商找的运输公司是中国天津高通国际物流公司。

2. 这家运输公司说："我们是国际多式联运专家，提供海运、空运、陆运等门到门的物流服务。""我们有最先进的集装箱运输设备。"

3. 出口商要求用集装箱运输。

4. 运费可以按重量计算，也可以按体积计算，从高计费。

7.1.2

1. 上海港　2. 宁波舟山港　3. 深圳港　4. 广州港

5. 青岛港　6. 香港港　7. 天津港　8. 厦门港

7.1.3　略

7.1.4　答案不唯一，举例如下：

这条中国到西班牙的航线，起点是中国青岛港，终点是西班牙巴塞罗那港。停靠港有韩国釜山港、中国上海港、中国宁波港、新加坡港、马耳他港、西班牙瓦伦西亚港。

7.2.1

1. "转运一次"指的是没有直运的航线，比如，从天津到巴塞罗那需要在上海转运一次。

2. 运输公司能保证货物的安全，因为他们的运输经验丰富，集装箱运输设备都是最先进的。

3. 如果选择上海港转运的话，需要38天。

4. 有，可以选择22号或29号。

5. 一般离港后一个工作日内就可以拿到正本提单。

7.2.2

航线：美国长滩到中国上海　　　是否转运：否

装运港：美国长滩港　　　　　　船期：每周二

目的港：中国上海港　　　　　　停靠港：上海港、宁波港

海运时间：20天

7.2.3　答案不唯一，举例如下：

每周三有船从中国青岛离港，两天后到达韩国釜山，停留一天后离港开往中国上海，大约航行38天后到达西班牙巴塞罗那。

7.2.4

提示：体积需要根据第6课练习一第3题中货物运输包装箱上的包装尺寸（66厘米×29厘米×26厘米）来计算，计算公式：0.66×0.29×0.26×25=1.2441立方米。

海运提单

托运人：中国北京爱家电子设备生产公司			提单号码：略	
收货人：由西班牙Santander银行指示				
通知人：西班牙巴塞罗那ABC家居用品公司				
船名：WUYAN26	装货港：中国天津港		卸货港：西班牙巴塞罗那港	
集装箱号或唛头	包装数量	货物描述	毛重（千克）	体积（立方米）
ABC	25个包装箱，每箱20台音箱	AI智能音箱，一共500台	675	1.2441
运费：运费预付		提单正本份数：三份		
			签发地点：中国天津	
			签发时间：略	
			签发人签字：略	

第8课

8.1.1

1. 出口商会给进口商发装船通知。
2. 海运货物需要在进入码头、准备装船之前办理投保手续。
3. 保险是按照仓至仓条款承保的。
4. 出口商计划投保一切险。
5. 一切险不包括战争险和罢工险。

8.1.2

装 船 通 知

日期：略

西班牙ABC家居用品公司

先生/女士：

我们很高兴地通知您下列货物已经装船了。详细信息如下：

发票号码：略

合同号码：略

信用证号码：略

提单号码：略

船名：WUYAN26

装运港：中国天津港

装货时间：略

目的港：西班牙巴塞罗那港

预计到港时间：略

货物情况：AI智能音箱，一共500台

货物包装情况：
25个包装箱，每箱20台音箱；
毛重：675千克；
体积：1.2441立方米

唛头：
△ABC

北京爱家电子设备生产公司
李晓光（盖章）

8.1.3

①火山爆发；海啸；雷电　　　　　　②火灾或爆炸；碰撞；沉没；触礁或搁浅
③破碎；渗漏；沾污；受潮受热

8.1.4

泰中保险公司
进出口货物运输保险投保单

被保险人：
北京爱家电子设备生产公司

发票号码或合同号码	包装数量	保险货物	保险金额
略	25个包装箱	AI智能音箱	略

装载运输工具：WUYAN26　　　　　开航日期：略

自中国天津至西班牙巴塞罗那，转运地中国上海

投保险别：按发票金额的110%投保一切险。

备注：略

投保人签名：　略

投保日期：　略

8.2.1

1. 海运货物保险最基本的险别有平安险和水渍险。
2. 平安险负责赔偿货物在运输途中由于自然灾害造成的全部损失，以及由于意外事故造成的全部或部分损失。
3. 水渍险的责任范围除了包括平安险的责任外，还负责赔偿由于自然灾害造成的部分损失。
4. 一切险除了包括水渍险的责任外，还负责赔偿由一般外来风险造成的全部或部分损失。
5. 附加险包括一般附加险和特殊附加险。
6. 附加险不能单独投保，必须要先投保平安险或水渍险这样的基本险。

8.2.2

负责赔偿；由于；造成的；损失

负责赔偿；一般外来风险；全部或部分

8.2.3

①一切险/水渍险+碰损、破碎险　　　②一切险/水渍险+混杂、沾污险
③一切险/平安险+串味险+受潮受热险

8.2.4 略

第9课

9.1.1

1. 他们是同事关系。

2. 货物进口报关由进口商负责。

3. 进口到中国的货物，报关时需要报关单、合同、发票、提单、装箱单、进口许可证等有关单证。

4. 海关先接受申请，然后他们开始审核单据，查验货物，征收税款。如果海关认为进口的货物符合国家的相关规定，只要签名盖章就可以放行了。

5. 进口到中国的货物要缴纳关税和增值税。

6. 增值税的税率一般为13%，但是农产品、图书等一小部分商品的税率为9%。

7. 关税的税率由产品的种类和国家间的贸易关系决定，如普通税率、最惠国税率、协定税率等，都不一样。

8. 从海关签发税款缴款书之日起，15日内缴纳税款。超出规定时间的，从滞纳税款之日起，按日加收万分之五的滞纳金。

9.1.2 略

9.1.3（答案中的税率是2022年2月在中国海关官网上查询得到的）

笔记本

增值税税率	进口最惠国税率	进口普通税率
13%	5%	80%

协定名称	进口协定税率
中国—东盟自贸区	5%
特别协定	30%
中国—柬埔寨自贸协定	5%

巧克力

增值税税率	进口最惠国税率	进口普通税率
13%	8%	50%

协定名称	进口协定税率
中国韩国自贸协定	3.7%
特别协定	33%
RCEP区域全面经济伙伴关系协定	7.5%
中国—瑞士自由贸易协定	0.8%
中国—柬埔寨自贸协定	0
中国澳大利亚自贸协定	0

初榨油橄榄油

增值税税率	进口最惠国税率	进口普通税率
9%	10%	30%

协定名称	进口协定税率
中国韩国自贸协定	2%
特别协定	35%
中国—瑞士自由贸易协定	0

9.1.4 略，参看对话一。

9.2.1

1. 进口到中国的货物，填写报关单报关的时候，也就同时报检了。向海关报检。

2. 不是的，只有列在《出入境检验检疫机构实施检验检疫的进出境商品目录》（简称《法检目录》）里的才是要求法定检验的，如食品、玩具等。

3. 对于不是国家要求法定检验的货物，会进行抽检。

9.2.2 睡衣、牛肉、香水、玩具

9.2.3 略，参看对话二。

9.2.4 略

第10课

10.1.1

1. 这批货在卸货港开箱检查时发现有两个包装箱受损，其中一个包装箱破损严重，里面还缺少了两件产品。

2. 要等拿到海事报告才能确定。

3. 如果是由于海上大风浪造成的损失，应该向保险公司提出索赔。

4. 如果是由于包装问题造成的损失，应该向出口商提出索赔。

5. 提出索赔的时候需要检验机构出具的正式的检验报告。

6. 出口商的态度很好。他说："如果是我方的责任，我方一定不会推脱的，请您放心。"

10.1.2

大米：货物受潮发霉

投影仪：包装箱受到压损

真丝衬衫：遗失了一个包装箱

10.1.3

①一件遗失，两件受损。

②三件遗失。

③一个包装箱破损。

④一个包装箱受到压损。

10.1.4

①港口　②运输公司　③出口商　④保险公司

10.2.1

1. 进口商拿到了海事报告、检验报告和卸货港出具的货损货差证明。

2. 文件说明确实遇到了海上大风浪，也显示包装箱存在质量缺陷。

3. 出口商会配合进口商对这次的运输包装再做检测。

10.2.2

①保险单正本　②提单　③发票　④装箱单

⑤货损货差证明　⑥检验报告　⑦海事报告　⑧索赔清单

10.2.3

受损的原因：①海上大风浪　②包装问题

谁的责任：①保险公司　②出口商

向谁提出索赔：①保险公司　②出口商

10.2.4 略

第11课

11.1

1. 出口商发现包装材料确实存在一些问题。

2. 对于遗失的两件产品，出口商可以全额退款，也可以马上给进口商补发，空运过去，额外费用都由出口商承担。

3. 由于运输包装有破损，进口商国内的运输公司需要加收额外的处理费用，运输成本增加了。

4. 包装箱破损造成的额外费用将由出口商承担。

5. 检验费用将由出口商承担。

6. 此次货物受损的主要原因是包装问题和海上风浪。出口商负主要责任。出口商会赔偿损失。进口商对出口商的处理结果满意。

11.2 略

11.3 略

11.4

货物：智能音箱

贸易术语：CIF

支付方式：10%电汇，90%信用证

复习与展示（二）

词语辨析：

①1. 直达　2. 直运　3. 直运　4. 直运/直达

②1. 装货　2. 发运　3. 装运；装运　4. 装货/装运

③1. 类　2. 种　3. 类　4. 种

④1. 风险　2. 险别　3. 危险　4. 风险；险别

⑤1. 责任　2. 负责　3. 责任　4. 负责

⑥1. 产品　2. 产品　3. 商品　4. 商品

⑦1. 检疫　2. 查验　3. 检测　4. 检验　5. 检查

录音文本

🔊 **1-3**

　　一家公司一般有销售部、人事部、财务部和产品研发部等部门，从事国际贸易的公司还会有出口部和进口部。你还知道哪些部门的名称？它们负责哪些不同的工作？

🔊 **1-4**

　　我们公司生产的电饭煲在亚洲市场很受欢迎。您看，这是我们的产品目录，上面有每种产品的名称、型号、颜色、规格和零售价格。压力电饭煲的零售价格是3,800元，迷你电饭煲的零售价格是3,050元，IH电饭煲的零售价格是1,970元，微电脑电饭煲的零售价格是4,250元。

🔊 **1-7**

　　2022年最新款的智能手表请邮寄到北京市朝阳区东三环北路明天大厦1210室，收货人是王亮，联系电话是010-33276410。

　　多功能护眼台灯请邮寄到深圳市南山区大连路2号发展大厦801房间，收货人是张明，联系电话是10174663599。

🔊 **2-3**

1. 下面我们介绍一下国际贸易工作的过程。首先，出口商生产好产品，然后将产品运输到海运的港口。货物在装上国际货船之前，要得到出口国海关的同意。经过一段时间的海运后，船到达进口国港口。得到进口国海关的同意后，产品才可以进入进口国，然后产品需要从进口国港口运输到进口商的公司。这样一次完整的国际贸易就完成了。好了，我们总结一下，一个完整的国际贸易过程包括生产、国内运输、国际运输、通过海关这些工作，注意在国际运输的时候还必须要为产品买运输保险。那么这些不同的工作由谁来负责呢？进口商还是出口商？请你想一想，说一说。

2. 在上一部分，我们请大家讨论不同的贸易工作分别由谁来做，答案是谁来做都可以。但一般的做法是出口商负责出口国国内的所有工作，比如，产品从出口商仓库运输到出口国港口，办理出口国的海关业务；进口商负责进口国国内的所有工作，比如，办理进口国的海关业务，产品从进口国港口运输到进口商公司。但是，大家知道两国中间的国际运输部分由谁来负责吗？通常有两种情况：第一种是进口商负责国际运输部分，进口商找国际运输公司并付运费，还要给产品买运输保险，而出口商只负责出口国国内的工作，把产品送到出口国港口后工作就结束了，因为接下来的手续进口商都办理好了；第二种是出口商除了负责出口国国内的工作，还要负责找国际运输公司并付运费，找保险公司买运输保险，而进口商只需要在自己国内等着产品到达、负责进口国国内的工作就可以了。如果打算按第一种情况来做，那么出口商的报价就用FOB（船上交货）来表示；如果打算按第二种情况来做，那么出口商的报价就用CIF（成本、保险费加运费）来表示。

EXW是工厂交货的意思，出口商只需要在自己的工厂把货物交给进口商，其他的所有工作都由进口商负责。实际上，这种贸易术语更适合国内贸易，不太适合国际贸易。

总结一下，为了方便进出口商知道自己的责任和工作，国际贸易的时候常常使用上面介绍的贸易术语。

最后要提醒大家的是，我们介绍的FOB和CIF这两个贸易术语都只适合海运，在报价的时候FOB后面要说明装运港，CIF后面要说明目的港。

🔊 2-4

这次贸易是从乌克兰出口玉米到中国，装运港是乌克兰敖德萨，目的港是中国大连，产品FOB敖德萨的报价是每吨196美元，CIF大连的报价是每吨252美元。

🔊 2-7

这是我们公司的报价单。S5型号的智能音箱的规格是：长88毫米、宽88毫米、高211毫米。白色款的报价是：FOB天津每台30欧元，CIF巴塞罗那每台35欧元。如果订购500台以上会有10%的折扣。S7型号的智能音箱的规格是：长118毫米、宽118毫米、高211毫米。白色款的报价是：FOB天津每台34欧元，CIF巴塞罗那每台40欧元。同样，如果订购500台以上，有10%的折扣。另外，请特别注意，报价单的有效期是7天，请您在7天内订购。

🔊 2-8

我们有具体的优惠条件：如果购买数量不到200件，打八五折；如果购买数量等于或多于200件、少于700件，那么会有20%的折扣；如果订购700件及以上，可以打七折，也就是有30%的优惠。

🔊 3-3

1. 本次贸易的货款一共110万元人民币，买方分两次支付。交货前先预付30万货款，余款80万以信用证的方式支付。
2. 我们这次的货款金额不大，只有4,000美元。买方在交货前先预付一半的货款，余款2,000美元等买方收到货物后再支付。

🔊 3-4

　　为什么会产生信用证这种支付方式呢？因为进口商和出口商互相不信任，所以需要有一个中间服务的人。那么大家都相信谁呢？银行！大家都相信银行，所以"信用证"中的"信用"指的是银行的信用。因为大家互相不信任，只相信银行，所以银行用自己的信用证明进口商会支付货款。出口商看到银行给的信用证就像看到货款一样，因为只要银行开信用证，就代表有银行保证会付款。

　　下面简单介绍一下使用信用证支付的步骤：

① 进口商和出口商签合同，决定使用信用证支付；

② 进口商找自己国家的银行申请信用证；

③ 银行同意后，通知出口商信用证办好了；

④ 出口商看到信用证后，交货给运输公司；

⑤ 运输公司把代表货物的运输单据交给出口商；

⑥ 出口商拿着信用证和运输单据去银行交单，银行检查单据有没有问题；

⑦ 银行检查所有单据没有问题后，通知进口商，进口商付款给银行；

⑧ 银行把运输单据交给进口商，银行还要付款给出口商；

⑨ 进口商拿着运输单据去找运输公司提货；

⑩ 运输公司交货。

🔊 3-7

条件一：我们希望能提前一个月交货。

条件二：如果你们能预付70%的货款，我们愿意合作。

条件三：60天的远期信用证时间太长了，我们最多只能接受30天的远期信用证。

条件四：如果我们订购1,000台，能不能再多优惠一些？

🔊 4-3

　　您好，我是李晓光。我们的订货单上注明了买方是西班牙ABC家居用品公司，产品名称是智能音箱，型号是S5，产品的规格是长88毫米、宽88毫米、高211毫米，颜色选择白色的，订货数量是500台，下面有我的签字和我们公司的盖章。

🔊 4-4

出口商：王经理您好，你们公司发来的订单我们收到了，但是核对订单后发现了几个问题，想跟您确认一下。

进口商：好的，您请讲。

出口商：首先，型号RA261的唇膏，是每支3.5毫克，不是毫升。另外，261号是粉色的，不是深红色。

进口商：哦，是的，我们写错了。
出口商：另外，型号X9001、规格100毫升的那款洗面奶没有货了，但是同型号的每瓶150毫升的还有，不知道你们可以接受吗？
进口商：没有问题。150毫升的那款销售得也很好，就换成那一款好了。
出口商：好的，王经理，那就麻烦您修改后再重新下订单吧。
进口商：好的，没问题。

🔊 4-7

我们的冰淇淋下个月中旬可以交货。

这批沙发最迟今年年底交货。

今年新款羽绒服的交货时间不晚于十月上旬。

🔊 4-8

对话一

进口商：王经理，我们订购的5,000件衬衫11月下旬能全部交货吗？
出口商：哎呀，真对不起，11月下旬很难一次全部交货，得分批交货了。
进口商：那11月下旬能交多少件？
出口商：能交2,000件吧。我们分两批交货，第一批11月下旬，第二批明年2月以前交货。
进口商：哦，那我们再考虑考虑。

对话二

出口商：赵总，您订购的1,000棵圣诞树，我们分两批交货可以吗？
进口商：那不行啊，运费会增加很多，一定要一次交货。
出口商：那您看，我们12月初交货可以吗？现在的订单实在太多了。
进口商：不行，这批货最迟11月下旬交货，不能再晚了。
出口商：嗯，那我们尽量11月底前一次交货。

🔊 5-3

1,002元；83,050元；78,904元；608,000元；20,200,200元

🔊 5-4

第一笔560,080元；第二笔568,000元；第三笔491,380元；第四笔4,913,726元

🔊 5-7

汇款方式选择普通。汇款人全称是上海美好家居用品公司，账号是

1200206674892032，汇出行是中国建设银行上海浦东支行。收款人全称是北京爱家电子设备生产公司，账号是1200467835421006，汇入行是中国工商银行北京中关村支行。汇款金额是34,008元。

001

嗯——嗯，那稍后我给您发产品目录。

002

嗯——嗯，我方还需要再考虑考虑。

003

哦——哦，丽莎女士，您好。

004

哦——哦，我刚刚收到了。

005

哦——哦？我们的货物在出口时也检验过，有出口检验证明，包装箱不应该存在问题啊。

6-3

出　口　商：您好，我是金丽方服装公司的张强，我想跟您确认一下运输包装的问题。
运输公司：张先生您好，您对运输包装有什么要求？
出　口　商：包装箱上需要注明产品名称：女士外套；包装箱内产品的数量和尺码：每箱30件，大号、中号、小号各10件；箱号：从1到20。
运输公司：嗯，这些我们上次都讨论过了。
出　口　商：是的，除了上面的内容，还需要刷上我们公司的标志：JLF。
运输公司：没问题。
出　口　商：另外，再跟您核对一下其他需要注明的是每箱净重16千克，毛重18千克，包装尺寸是长60厘米、宽50厘米、高60厘米。
运输公司：好的，这些都没有问题。
出　口　商：那就请按以上要求制作包装箱吧。

6-6

泡沫是包装时常用的保护材料，可以做成泡沫箱。纸质材料包括瓦楞纸、硬纸等，可以做成瓦楞纸盒、瓦楞纸箱、硬纸盒、硬纸箱等。还有一种常见的材料是塑料，可以做成塑料袋、塑料桶等包装。

🔊 7-3

2020年中国排名前八位的集装箱港口分别是：上海港、宁波舟山港、深圳港、广州港、青岛港、香港港、天津港和厦门港。

🔊 7-4

20英尺标准集装箱长约5,898毫米，宽约2,352毫米，高约2,392毫米，容积约33.2立方米，载重量可达21,000千克。

🔊 7-7

运输公司：您好，这里是高通国际物流公司，有什么可以帮您的吗？
出　口　商：您好，我想咨询一下从美国长滩到中国上海的海运航线。
运输公司：从长滩到上海的海运一共需要20天，不需要转运。
出　口　商：那什么时候有船呢？
运输公司：我们的船每周二离港开往中国。
出　口　商：在中国停靠哪些港口？
运输公司：停靠港只有上海和宁波两个港口。
出　口　商：好的，谢谢您。

🔊 8-3

风险，指可能发生的危险。国际贸易的货物在海运过程中，因为路程遥远、运输时间长，所以风险比较大。那么，货物在海运时可能遇到哪些风险呢？请听录音，说一说以下图片代表的是哪种风险，并将对应的风险写在横线上。

保险业把海上货物运输的风险分为海上风险和外来风险。

（1）海上风险

海上风险是指海上发生的自然灾害和意外事故。

自然灾害：仅指恶劣气候（大风浪）、雷电、地震、海啸、火山爆发等人力不可抗拒的灾害。

意外事故：主要包括船舶沉没、碰撞、触礁、搁浅、火灾以及爆炸等具有明显海洋特征的重大事故。

（2）外来风险

外来风险是指除海上风险以外的各种风险，分为一般外来风险和特殊外来风险。

一般外来风险：指偷窃、破碎、渗漏、沾污、受潮受热、串味、锈损、钩损、短量、淡水雨淋等。

特殊外来风险：主要指由于军事、政治等特殊原因造成的风险，常见的特殊外来风险有战争、罢工、关税等。

8-6

水渍险负责赔偿货物在运输途中由于自然灾害和意外事故造成的全部或部分损失。

一般附加险负责赔偿货物在运输途中由于一般外来风险造成的全部或部分损失。

8-7

基本险包括平安险、水渍险和一切险。

附加险包括一般附加险和特殊附加险。一般附加险有11种，分别是偷窃提货不着险、淡水雨淋险、短量险、渗漏险、混杂沾污险、碰损破碎险、串味险、受潮受热险、钩损险、包装破裂险和锈损险。特殊附加险有9种，分别是交货不到险、进口关税险、舱面险、拒收险、黄曲霉毒素险、卖方利益险、出口货物到香港（包括九龙在内）或澳门存仓火险责任扩展条款、战争险和罢工险。

9-3

进口到中国的鲜苹果需要缴纳哪些税款？税率是多少？我们可以通过查询中国海关的官网知道。

第一步，打开中国海关的官网，找到"我要查—税率查询"，点击"税率查询"。

第二步，你会看到"进出口商品税率查询"页面，在"商品名称"后面输入你要查询的产品，比如"鲜苹果"，然后点击"查询"，就会看到"鲜苹果"这种产品进口到中国需要缴纳的关税税率了，进口最惠国税率是10%，普通关税的税率是100%。

第三步，点击右边的"更多税率"，就可以查询增值税税率、进口协定税率等更多的税率了。以"鲜苹果"为例，其增值税税率是9%，进口协定税率中"中国韩国自贸协定"税率是3%，"中国澳大利亚自贸协定"税率是0，也就是免税。

9-6

香水、睡衣、玩具和牛肉都列在《出入境检验检疫机构实施检验检疫的进出境商品目录》里，必须接受法定检验。

10-3

在卸货港检验时发现，我们的大米有一部分受潮发霉了，有两个装有投影仪的包装箱受到了严重的压损，还遗失了一个装有真丝衬衫的包装箱。

10-6

索赔时需要提供保险单正本、提单、发票、装箱单、货损货差证明、检验报告、海事报告和索赔清单。

🔊 11-3

进口商：喂，李经理您好，我是丽莎。

出口商：丽莎女士，您好。怎么样？货物都收到了吗？

进口商：都收到了，我打电话正是想跟您说一下，货物完好到达了。

出口商：那太好了！我们这次合作真的是很顺利。

进口商：是的，我们也很高兴。如果这批货在西班牙市场销售不错的话，我们还会继续订购。

出口商：好的，谢谢您的信任。希望我们有机会再次合作。

进口商：是的，希望我们有机会再次合作。

出口商：丽莎女士，以后有机会到中国来，一定要提前联系我们，我们请您来参观我们的工厂。

进口商：说好了，到时候一定告诉您。

国际贸易文件索引

1 产品目录 product catalog 6

2 报价单 (price) quotation 23

3 订单 purchase order 45

4 订货单 order form 44

5 销售合同 sales contract 61

6 装箱单 packing list 81

7 提单 bill of lading 94

8 装船通知 shipping advice 101

9 投保单 insurance slip 103